左巻き
諸君へ!

真正保守の反論

小川榮太郎
Eitaro Ogawa

飛鳥新社

左巻き諸君へ！　真正保守の反論　目次

第三章
デモクラシーを破壊する危険な政治家たち

第四章
メディアや政府は「日本人の働き方」に手を出すな

はじめに

本書は日本社会で進む「狂気」の記録であり、「狂気」に戦いを挑んできた私の前線リポートである。

私は、平成二十九（二〇一七）年の十二月、拙著『徹底検証「森友・加計事件」朝日新聞による戦後最大級の報道犯罪』（飛鳥新社）が名誉毀損に当たるとして朝日新聞社から五千万円の損害賠償訴訟を起てられた。現在民事訴訟の被告人の身である。

一方、平成三十年九月発売の『新潮45』に掲載された私の評論「政治は『生きづらさ』という主観を救えない」が、痴漢の擁護である、差別主義的であるとの理由で、ツイッターで組織動員的な集中砲火を浴びた。その後、たった三日で新潮社佐藤隆信社長が「あまりに常識を逸脱した偏見と認識不足に満ちた表現が見受けられ」たと断じ、一週間で『新潮45』は廃刊に追い込まれた。三十六年続いた雑誌が、掲載された一論文の為に一週間で廃刊に追い込まれるなど、前代未聞だ。

個人を相手取り、大手マスコミが五千万円の訴訟を立てることも前代未聞なら、一人の論文で老舗の雑誌が潰れるのも前代未聞。

では、私が朝日新聞について書いた本や、『新潮45』に出した論文は、そんな破壊的な劇薬・爆弾だったのか。反社会的な、「偏見と認識不足に満ちた」代物だったのか。

それにしては何とも奇妙なのである。

朝日新聞と新潮社という日本を代表する二大メディアが、私に対してここまで激烈な拒絶反応を示したというのに、具体的に私の著書や論文の中身を取り上げての批判が、殆どどこにも見当たらない。レッテル貼りの誹謗《ひぼう》は無数に降って湧いた。だが、私はワイドショーや週刊誌の取材で追いかけられる事さえ全くなく、雑誌、新聞からの寄稿依頼もインタビューも批判者との対談申し入れも殆どなく、二カ月弱で九万五千部を売上げた私の著書と、日本中に反響を起こした論文は、社会的な吟味《ぎんみ》も制裁も受けず、私の存在もろとも、何となくなかった事にされたのだった。

五千万円訴訟や雑誌廃刊という、かつて一著者が経験したことのない激烈な大手メディアの反応と、拙論や私の存在を社会的な問題にしないように隠し続けたマスコミ、言論界の反応――一体この奇妙なギャップは何によるのか。


平成二十九（二〇一七）年二月に朝日新聞が報じた大阪府豊中市の国有地売却問題に端を発した、森友・加計による安倍疑惑が、マスコミと国会を全面的に巻き込んだ大騒動に発展し、収束まで一年半を要したのは記憶に新しい。その間、朝日新聞が立てた記事数は、両事件を合わせれば七百本を優に超え、一面トップ記事も、平成二十九年三月二日から同年内だけで三十二回に及ぶ。歴史上最大級の政権疑惑と言えるロッキード疑惑、ダグラス・グラマン疑惑、リクルート疑惑を上回るとてつもない報道量だ。しかも、元首相や大物政治家、経済人の逮捕が相次いだ過去の疑惑と違い、「安倍疑惑」は実際には存在しなかった。金品のやり取りはゼロ、行政への安倍総理や安倍昭恵夫人の不当関与の証拠や証言も全くない。そもそも両案件とも、そんな事は制度設計上不可能なのである。第二章、森友事件の立役者籠池泰典氏の長男籠池佳茂氏との対談で明らかにしたが、この事件の仕掛けには、極左活動家、極左弁護士、共産党、小沢一郎氏ら野党、民団（在日本大韓民国民団）が裏で連携している。そして、その仕掛けの鎖の一環として朝日新聞らマスコミが、「安倍が怪しい」という「空気」を作り上げて、一年半の大騒ぎが演じられたのだった。第三章に取り上げた石破茂氏、小泉進次郎氏、小池百合子氏ら、総理大臣候補と目される重要な自民党系の政治家たちまでもが、この架空疑惑に便乗し、マスコミと結託して、安倍首相を攻撃した。

安倍政権がアベノミクスの成功により、安定支持率五〇～六〇％を維持していなければ、この「架空疑惑」で政権は吹っ飛んだだろう。

そしてその実態を告発した私の本は、朝日新聞から訴えられた。……

今、日本に起こっていること。そして私自身が人生を賭けて体当たりで闘っている「敵」の正体。——その全貌が、私自身、無我夢中の思想戦の中で、ようやく少しずつ見えてきた気がしている。

本書はその全記録である。

日本社会は今、あの悪夢の民主党政権の沈滞を見事に払拭した安倍政権のお蔭で一見安定しては見える。だが、実は日本の政治やマスコミ・言論は、自己崩壊の途上にある。

自由社会としての日本は、壊滅寸前にある。本書は壊滅の最前線で自由の為の戦いを続けてきた私の渾身の「告発」だ。日本の持ち時間は少ない。日本のマスコミや政治を正常化させるために、ぜひ本当の「危機」がどこにあるかをご理解いただきたいと切望して、本書を刊行した。

なお、本書は、『月刊Ｈａｎａｄａ』を中心とする雑誌に発表した論文に大幅に手を加えたものだが、『新潮45』廃刊の原因となった「政治は『生きづらさ』という主観を救えない」のみは、入手困難で殆どの方が読めていないとの事なので、雑誌発表のまま修正せずに掲載している。非難の嵐にさらされたオリジナルの文章を是非多くの読者に読んでいただきたい。理解を助けるために、第五章には、その後非難轟々《ごうごう》の中で書かれた反論や、ＬＧＢＴ当事者の松浦大悟氏との対談も載せた。その中で、私は、私を差別主義者として断罪した人達に丁寧に論旨を説き直し、より正確な理解に基づく論争を呼びかけた。今の所、一方的非難と嘲笑、決めつけで話は終わってしまっている（テレビ朝日系の「夜バズ」だけが例外的にフォローしてくれている）。一方的断罪と議論の不成立――そんな事でいいのかどうか、読者の皆さんにもじっくり考えていただければと思う。

本書刊行にあたっては、私の戦いがどんな孤立している時にも激励し続けて下さった『月刊Hanada』の花田紀凱編集長にまず御礼を申し上げねばならない。

また、籠池佳茂氏と松浦大悟氏には対談の機会を頂いた。これらは当事者の貴重な証言として、本書のドキュメンタリーとしての価値を大いに高めてくれている。森友・加計事件とLGBT問題という一見縁のない主題ながら、現代日本の病理に直結する思想的＝政治的事件を考える上で、不可欠な証言だと思う。

編集作業においては年末年始の強行軍を、工藤博海氏の力強いサポートで切り抜ける事ができた。執筆にあたっては、一般社団法人日本平和学研究所の平よお氏、橋本美千夫氏に資料精査、事実関係の確認や、論点の検討の上で力になってもらった。渝《か》わらぬ献身に、心から感謝をささげたい。

平成三十一年　御代代わりの年の正月吉日　　著者識

第一章

朝日ＳＬＡＰＰ訴訟の被告となって

一・朝日提訴「賠償金五千万円要求」は言論抹殺だ

――アテナイ人諸君、諸君が、わたしを訴えた人たちの今の話から、どういう印象を受けられたか、それはわかりません。しかしわたしは、自分でもこの人たちの話を聴いていて、もうすこしで自分を忘れるところでした。そんなに彼らのいうことはもっともらしかった。しかしほんとうのことはほとんど何も言わなかったと言っていいでしょう。(『ソクラテスの弁明』)

朝日新聞綱領

一、不偏不党の地に立って言論の自由を貫き、民主国家の完成と世界平和の確立に寄与す。

一、正義人道に基いて国民の幸福に献身し、一切の不法と暴力を排して腐敗と闘う。

一、真実を公正敏速に報道し、評論は進歩的精神を持してその中正を期す。

一、常に寛容の心を忘れず、品位と責任を重んじ、清新にして重厚の風をたっとぶ。

まことに立派な綱領である、恥ずかしいまでに……。

「言論の自由」を抑圧する

平成二十九（二〇一七）年十二月二十五日、私と飛鳥新社は拙著『徹底検証「森友・加計《かけ》事件」朝日新聞による戦後最大級の報道犯罪』が名誉毀損に当たるとして、朝日新聞から五千万円の民事訴訟を提訴された。

私は、以下に述べる理由により、この訴訟そのものが、日本社会の「言論の自由」を今後大きく抑圧する可能性のある禁じ手だと考える。

第一に、大企業が弱者に対し、恫喝的意図をもって仕掛けた典型的なスラップ訴訟であるからだ（スラップ訴訟については後述）。

第二に、朝日新聞は膨大な紙面を持つ日本有数の言論機関だ。私の著書に不服があれば、紙面を使って自ら検証・反論して「名誉」を回復すればいいだけのことである。朝日が最高裁まで争うつもりなら、判決の確定は五、六年以上かかる可能性もある。その間、朝日が毀損されたと称する「名誉」は宙ぶらりんのままなのだ。もし読者の前で黒白《こくびゃく》をつける自信があれば、紙面を使えば、時間も金も遥かに少なく名誉は回復されるはずだ。一番有利な言論場を所有する新聞社が、それをせずに高額賠償請求に持ち込む。これは単なるスラップ訴訟以上のもの、言論機関による言論抹殺である。

第三に、朝日新聞が用意した訴状があまりにもひどい。訴状は《以下に示すとおり、原告の森友学園問題及び加計学園問題に関する一連の報道に「ねつ造」「虚報」はない》と断言しながら、一方で《原告は上記両問題について安倍晋三首相が関与したとは報じていない》と主張している。社会的に通用しない詭弁《きべん》だろう。平成二十九年五月十七日付の文科省文書スクープ「新学部『総理の意向』」という大見出し一つとっても、常識では、安倍首相の関与の報道というべきだからだ。同年十二月に日経新聞が実施した世論調査では、国有地売却の手続きをめぐる政府の説明に「納得できない」は七八％を占め、加計学園の獣医学部設置の計画認可に関する政府の説明も「納得できない」は六九％だ。

初報・主導の朝日が「関与」を報じていないのに、なぜ初報から十カ月近くも経ってこんな数字が出たというのか。大きな原因は、朝日が平成二十九年二月十七日の森友学園報道第一報から平成三十年七月頃まで実に一年五カ月に及び、六百五十本以上というロッキード疑惑のような本格的な汚職・疑獄事件以上の騒ぎ立て方で、「安倍疑惑」を強く輿論《よろん》誘導し続けたからではないのか。

二年近く経過しても関与の物証が一つも出ない事柄の記事を数百本の大見出し、六百本以上の記事で報じ続けたら、それは日本語の語感において完全に「捏造《ねつぞう》」「虚報」だ。例えば、朝日新聞の渡辺雅隆社長と高橋純子編集委員は、物証はないが不倫関係の可能性がある、と私が一年半、六百五十回記事にしたら、朝日は黙って放置しておくか。物証はないが、不倫が絶対にない証拠もないのである。

第四に、以上全面的にナンセンスな訴訟であるから、訴訟自体が私への業務妨害、圧力だ。訴訟を仕掛けられた直後、家族が診断書の必要なレベルの心身の不調を訴えたり、緊急入院さえした。私自身、音楽批評や日本精神史など、現状で少なくとも三本の専門研究の出版依頼を抱えながら、訴訟準備に忙殺されている。金と時間の圧迫は著《いちじる》しい。

そもそも論を言えば、私は森友・加計の朝日新聞報道に関して充分に読み、充分に調べ、充分に考察して、その研究の成果として『徹底検証「森友・加計事件」朝日新聞による戦後最大級の報道犯罪』を著《あらわ》している。

この研究過程で私は、朝日新聞が社会通念としては「報道犯罪」と呼ぶ他ない悪質な手法で「安倍疑惑」の「捏造」を展開しているという「概括的な事実」を発見した。その時、私のなかで朝日新聞の「犯罪」性は確定している。

朝日が抗議の申入書を書こうが、裁判を起こそうが、新聞紙に残した「犯跡」は消えない。私との訴訟で万一提訴の一部が認められようとも、史上最悪級の「報道犯罪」の事実を、後世は繰り返し検証し続けるだろうし、歴史的汚名は永久に消えないのだ。なぜ、そんな基本がこの人たちにはわからないのだろう。

そこにいまの朝日新聞の組織としての末期的な腐敗を感じるが、訴状とともに朝日新聞が紙面に発表した広報担当執行役員、千葉光宏氏のコメントにそれがよく表れている。いささか長いが、これこそ歴史的汚点として残すべき文書なので、全文引用しておきたい。

《小川栄太郎氏の著書には、森友・加計学園に関する朝日新聞の一連の報道について事実に反する記載が数多くありました。本社には一切の取材もないまま、根拠もなく、虚報、捏造、報道犯罪などと決めつけています。具体的にどう違うか指摘し訂正を求めましたが、小川氏は大半について「私の『表現』か『意見言明』への苦情に過ぎません」などとして応じませんでした。出版元も著者の小川氏任せで、訂正は今後も期待できません。

この本が出版された後、本社の報道を同じ調子で根拠もなく捏造などとする誹謗《ひぼう》・中傷がありました。読者の皆様からも、ご心配いただく声が寄せられています。「言論の自由」が大切なのは言うまでもありません。しかし、小川氏の著書の事実に反した誹謗・中傷による名誉毀損の程度はあまりにひどく、言論の自由の限度を超えています。建設的な言論空間を維持・発展させていくためにも、こうしたやり方は許されるべきではありません。やむを得ず裁判でこの本の誤りを明らかにするしかないと判断しました》

部分部分への難癖のみ

細部の「事実」を都合よく組み合わせながら、明らかに「嘘」と言える全体像を作り出す典型的な朝日の作文である。朝日は私の主張を全く載せず、一切の取材もないまま拙著を一方的に「誹謗・中傷」するこんなコメントを大きな紙面に組んだのである。拙著はこの時点で九万五千部、一方朝日の発行部数は公称五九五万部だ。罪の意識なしにこんなことのできる神経が、私にはどうしても理解できない。

第一に、私の著書には《事実に反する記載が数多く》書かれていない。朝日新聞の訴状によれば、事実に反する記載の「摘示《てきし》事実」は十三件に過ぎない。拙著全部が朝日の捏造を指弾していることを考えれば、これは逆に、拙著の大半を朝日が事実と認めていることを意味する。しかも、「摘示事実」のほとんどは「事実」ではなく、「解釈」や、取材をもとにした「伝聞・推定」だと明確に分かる箇所だ。

本当に拙著に《事実に反する記載が数多く》書かれているなら、朝日は紙面で歴然たる嘘の数々を対照表にして示し、私の本のデタラメぶりを喧伝《けんでん》すればいいだけではないか。

第二に、《本社には一切の取材もないまま、根拠もなく、虚報、捏造、報道犯罪などと決めつけています》とあるが、取材に関する私の考えは『月刊Ｈａｎａｄａ』（二〇一八年二月号）に書いている。

「関係者に取材し、その上で、『事実』と『伝聞』と『推理』を明確に描き分け、『捏造』によって読者を騙すことにならぬよう細心の注意を払って執筆しています。

さらに関係者の取材としては、本文から明確にご理解いただける方々や団体以外に、首相官邸関係者数名、大阪航空局、国土交通省、大阪府教育課、北野法律事務所、藤原建設、大阪音楽大学、森友学園関係者、農林水産省、加計学園、朝日新聞のスクープに関する情報提供可能な関係者などに対して申し込み、その一部は可能であり、また別の一部は、現時点では応じ難いとして断られました。

以上のような方法論上の自覚と理由があり、それに則《のっと》って、必要十分な資料の読みと取材に基づいて書かれた拙著を、申入書は貴社窓口や取材班への取材がないことを以て〈一切の取材もないまま、根拠もなく〉と決めつけています。」

それに反論もせず、こう決めつけたコメントと訴状を一方的に読者に公開するのは、紙面の悪用であり、明らかな私への名誉棄損である。

また、《根拠もなく》とあるが、私は二百八十頁の著書全部を「根拠」に、「朝日新聞が存在しなかった『安倍疑惑』を長期間の紙面全体を使って捏造したこと」を「証明」したと主張しているのである。

朝日が「捏造」「虚報」を否定するなら、この本書全部証明への構造的な反証が必要だ。ところが、訴状を見ても、拙著の構造への反論が全くない。部分部分の記述に難癖《なんくせ》をつけても、全部証明を全くひっくり返したことにならないのは論理学の初歩以前である。

たとえば、私が『中国共産党の蛮行』という本を書いて、法輪功《ほうりんこう》弾圧や天安門事件、チベットなどについて詳論したとする。中国共産党が「我々は『蛮行』などしていない」と言いたければ、全編にわたって私が記述した「蛮行の一覧」の大半を反証可能な「事実」によって否定しなければならない。

それをもし、「小川の著書には『習近平はその時にやりと笑いながらうなずいた』とあるが、習近平がその瞬間ににやりとした事実はない」とか、「小川の著書には『街を片っ端から破壊した』と書いてあるが、○丁目○番地の建物や△丁目△番地の建物は破壊していないから、『片っ端』から破壊したというのは事実に反する」とかの反論を十三カ所ばかりしたところで、「中国共産党の蛮行」という大枠の事実への反論になるだろうか。一部を後で御紹介するが、朝日の訴状は全てその類なのである。

朝日の「後世への最大汚物」

第三に、《小川氏は大半について「私の『表現』か『意見言明』への苦情に過ぎません」などとして応じませんでした》と書いてあるが、これまた悪質な歪曲《わいきょく》だ。

私は「訂正要求」には「応じ」ていないが、朝日の訂正要求のどこがどう間違っているかを、朝日の「求め」に「応じ」て丁寧で具体的に回答している。しかも、その長文の回答を、私は、『月刊Ｈａｎａｄａ』平成三十（二〇一八）年二月号に発表したのみならず、自身が理事長を務める一般社団法人日本平和学研究所の以下のサイトで公開しているのである。（http://asahislapp.jp/5000keii/）

ところが、朝日新聞は、《小川氏は～応じませんでした》という主―述を用いることで、私が申入書に丁寧に回答した事実を故意に隠蔽《いんぺい》し、私が不誠実な対応をしたかのような印象を読者に与えている。何しろ、見出しが「根拠なく誹謗・中傷」なのである。

「『言論の自由』が大切なのは言うまでもありません。」に始まる最後の一節に至っては、朝日新聞の「後世への最大汚物」であろう。

簡単に時系列を記せば、こういうことになる。

まず、朝日新聞が森友・加計の一連の報道を、平成二十九年二月から七月まで熱狂的に繰り広げた。

次に、私がそれをドキュメンタリーとして、十月二十二日付で『徹底検証「森友・加計事件」朝日新聞による戦後最大級の報道犯罪』と題し、飛鳥新社から出版した。

その著書に対して、十一月二十一日に朝日新聞社から厳重抗議の申入書が来た。

それに対して、私は十二月五日、朝日新聞に回答、ネット公開し、裁判ではなく公開討論や検証などを通じ、言論で黒白をつけようと提言した。

この応酬の連鎖こそが、千葉氏が言うところの《建設的な言論空間》ではないのか。

朝日新聞が本当に「建設的な言論空間を維持・発展」させたいならば、まさに私の丁寧な回答に、同じように丁寧に回答すべきではなかったのか。

そうした応酬のプロセスを決して踏み外さないこと、このプロセスから逃げないこと、あくまでも「言葉のチカラ」によって自己の正しさを自ら論証してゆくことこそが、「建設的な言論空間を維持・発展」することではないのか。

ところが朝日新聞は、①最初の申入書で「賠償請求」の恫喝をした挙句、②それへの私の回答に再反論せず、③私からの公開討論や紙上検証の提案を黙殺し、④私の回答を紙面から隠し、⑤私が根拠ない中傷本を書いたと紙面で決めつけ、⑥極めて薄弱な摘示事実をもとに、飛鳥新社と私相手に五千万円の訴訟を起こした。

書きながらめまいがする。

これこそが、完膚《かんぷ》なきまでに「言論の自由の限度を超えた」「建設的な言論空間」の一方的な破壊でなくて何なのか。

森友・加計報道は社会事件

特に重大なことを指摘しておきたい。

そもそも朝日の森友・加計報道は、裁判所で、朝日が出してきた摘示事実の如き細かい表現部分を争うことでごまかしていい話ではないということだ。

これは、法廷で朝日の設定した論点を争うべき主題ではなく、日本社会の「天下の公論」という広い裁きの庭において、国民環視のなかで黒白をつけるべき朝日による社会事件なのである。

森友・加計報道は、私が拙著で主張するような、朝日新聞による「安倍疑惑」の捏造だったのか、それとも朝日新聞の捏造という私の主張のほうこそ誤りだったのか――大枠の構造としての「安倍疑惑捏造」の有無を問うべきは、東京地裁に対してではなく、日本国民に対してである。

なぜか。

朝日が近年お気に入りの「立憲主義」という言葉があるが、このたびの朝日新聞の森友・加計報道は、まさに、立憲主義を揺るがす憲法マターだったからだ。

日本国憲法は国民主権を謳《うた》っている。

国民主権を現実の政治過程に反映させる核心部分は言うまでもなく、選挙を通じて代表者を選び、国民の信任を受けた彼らによって政府を構成することにある。

朝日新聞が主導して報じ続けた森友・加計事件で、安倍政権の支持率は一時期、平均三〇%近くも下がった。

朝日が訴状で言うように、たしかに厳密な意味では、朝日新聞は安倍首相の両事件への関与を一度も報じたことがない。なぜか。たしかな物証が一つも存在しなかったからだ。それなのに、「安倍首相」「昭恵氏」「安倍政権」という見出しを中心に、この件を六百五十もの記事で報じ続けた結果、安倍政権の支持率が大きく下落した。

それならば、朝日の行為は、たしかな物証の全く存在しない＝架空の疑惑記事によって、主権者の判断を大きく捻《ね》じ曲げたことになるではないか。

支持率を三〇%下げたとは、もし当初の数字が、日本の政権支持率の平均値である三〇%台後半だったら、政権が潰《つぶ》れていたことを意味する。もし朝日が、今さら訴状で《安倍首相の関与を報じたこともない》と逃げるほど、関与が今日に至るも証明できない件で、長期にわたり六百五十件の記事を書いて政権を潰す結果になっていたら、これこそデモクラシーの否定そのものだ。立憲的に正当な手続きを踏んで選ばれた政権を、国民に大きな誤解を与える情報を長期間執拗《しつよう》に流し続けて倒す――これは、国民主権を根底から踏み躙《にじ》る立憲破壊行為にほかならぬ。

ある政権に対してYESかNOかというのは、根本的な主権行使判断だからである。

朝日新聞は裁判に逃げず、裁判と同時に、自らこの争点について弁明しなければならない。

すなわち朝日は、「安倍疑惑」を見出しで創作したとの私の主張を全面的に否定証明するか、安倍疑惑を創作し、憲法破壊という根底的な報道犯罪に踏み込んだことを国民の前に広く認めて廃業するかしか、道は残されていない。

この重大性を理解しているからこそ、朝日は名誉毀損裁判に逃げたのである。

いかさまの文書写真加工

それにしても、と思わず嘆息《たんそく》せざるを得ないのは訴状のひどさである。

訴状の詳細を挙げてゆくのは煩《わずら》わしいが、バカバカしさを知っていただくために、あえていくつかを例示する。

朝日新聞が加計学園スクープ初報で、スクープ文書を黒い影で囲い、「総理の意向」でないことが推定される部分を隠したとの指摘は、私のみならず多くの言論人が繰り返しているが、このことについて訴状は次のように主張する。

《このように文書について報道する場合に文書の一部にスポットをあてた写真を掲載する事は新聞報道の一般的な手法であり、毎日新聞、読売新聞、東京新聞も本件文部科学省記録文書の写真を同様の手法で掲載している（二〇一七年五月十七日毎日新聞夕刊、東京新聞夕刊、六月十六日読売新聞朝刊）》

「一般的な手法」には失笑せざるを得ない。私の批判の中心は、単なる画像処理だけへのものではない。繰り返し指摘してきたが、朝日は画像で重要部分を隠したうえ、紙面で一度も、合計六百字程度に過ぎないスクープ文書の全文公表と、全文の時系列の解説を出していない。こういうやり口の全体がいかさまではないか、と私は言っているのだ。

言うまでもなく、朝日新聞がスクープをした時点で、他の誰も文書を入手していない。朝日が全文を公開しなければ、見出しや記事が適切かどうか、誰も判断できないからだ。

そのうえ、朝日が「一般的な手法」として例示している三例のうち、毎日と読売は画像処理こそ同種だが、記事では隠れた部分の文書内容も紹介している。私の主張の核心に答えず、他紙の画像処理を持ち出しての強弁は卑怯《ひきょう》であろう。

次の摘示個所も滑稽《こっけい》と言う他ない。

《本件書籍は、２０１７年5月17日付朝日新聞朝刊記事について、「ある人物が朝日新聞とＮＨＫの人間と一堂に会し、相談の結果、ＮＨＫが文書Aを夜のニュースで、朝日新聞が翌朝文書群Bを報道することを共謀したとみる他ないのではあるまいか」と記載した。

しかし、原告の記者や幹部が、加計学園の問題について「ある人物」やＮＨＫの人間と一堂に会したことも報道について共謀したこともない》

該当箇所は「あるまいか」とあるように推定だ。ここは、拙著百五十四頁から百六十頁にかけて、事実を明らかにできない事情を説明しつつ、限られた事実から推理した一連部分の一節なのである。「事実」記述でなく「推定」記述であることは、誤解の余地がない。

しかも、この七頁にわたる一連の推理箇所を閉じるにあたり、私は百六十頁で《以上、現時点では取材拒否が多く、明らかにならない推定を多く含むことはお断りしておく。が、当らずといえども遠からずではないか。要するに、加計スキャンダルは朝日新聞とＮＨＫの幹部職員が絡《から》む組織的な情報操作である可能性が高いということだ》と結んでいる。

推論が許されないのか

限られた情報による論理的蓋然性《がいぜんせい》の推定を、事実に反するとして高額の賠償請求をされては誰も推論を書けなくなってしまう。いや、朝日新聞こそは「総理の意向」の一言で論理的蓋然性に極めて乏しい推理を大々的に展開し続けた張本人ではないか。

しかも、ここでの朝日の言いがかりが凄い。《原告の記者や幹部が、加計学園の問題について「ある人物」やＮＨＫの人間と一堂に会したこと》はないと断定しているが、私はここで人物を特定していない。

私が特定もしていない二つの大組織の人間が会ったことがない、とどうして断定できるのか。たとえば私が、朝日新聞の渡辺社長とＮＨＫの上田良一会長と小池英夫報道局長とが一堂に会した、とでも断定しているならば、三人が会合の事実を否定して訂正を要求するというのは理解できる。いや、憶測として書いても、根拠薄弱ならば抗議があって然《しか》るべきだ。

だが私は、ここで事実の「断定」はおろか、事実の「憶測」をしているのでもない。不特定の人物相互が会ったかもしれないという書き方は「事実の憶測」ではなく、事柄と事柄の関係についての「論理的推理」であり、該当箇所七頁を読めばそれはわかる。

事実、ａｍａｚｏｎなどに寄せられた本書への多数の感想のなかで、ここでの推理は疑問視する声が数件見られたし、それでいいのである。部分部分の推定や評価の説得力の有無は、読者の判断や良識に委《ゆだ》ねるのが自由社会の鉄則だからだ。

「一人の証言だけ」の意味

一方、狡猾《こうかつ》な論法も紛《まぎ》れ込んでいるから油断はできない。次のものは、訴状全体に目に付く法廷向けの論法だ。

《（小川の著書は）「朝日新聞とそれに追随するマスコミは、大騒ぎを演じた二ヶ月半、これらの当事者に殆ど取材せず、報道もしていない。前川一人の証言だけで加計問題を報じ続けた」と記載した（摘示事実⑪）》

それに対し、訴状は、朝日新聞は《前川氏以外の「これらの当事者」の発言を幅広く報じていた》と主張し、麻生太郎氏、八田《はった》達夫氏、原英史《えいじ》氏、義家弘介《よしいえひろゆき》氏らの発言を報じた紙面を十件（甲の31〜40）出している。

そもそも論から言えば、朝日新聞が摘示事実として示した拙文《前川一人の証言だけで加計問題を報じ続けた》というのは「事実」記述ではなく、朝日新聞の報道傾向についての「要約的評価」だ。そもそも、二カ月半にわたる連日の報道を、厳密な事実の問題として《前川一人の証言だけ》でこなせるはずはないに決まっており、私もそんな馬鹿げた主張をしているわけではない。多数の見出しと圧倒的な記事分量で《前川一人の証言だけ》に沿った紙面を構成し続けた、と指摘しているのだ。

朝日新聞は毎日、朝夕刊併せて四十頁以上、約百四十九万六千字の活字を世に送り出し続けている（朝日公式サイトより。平成十九年四月調べ）。これは、四百字詰め原稿用紙にして約三千七百四十枚、新書に換算すれば、実に十五冊分の分量だ。私が区切った二カ月半となれば、新書にして一千冊となる。

その膨大な記事のなかで、ある日の記事の些末《さまつ》な箇所で八田氏や原氏を取り上げた、加計問題の文脈と違う公務員の守秘義務問題で義家氏を批判的に取り上げたなどということが、「前川一人」という私の要約への反論になるだろうか。

私がある画家の絵を論評して、「キャンバス一面を真っ赤に塗りたくっただけ」と書いたとする。

それに対して、絵かきが「自分は真っ赤に塗りたくってはいない。右下の隅に、約三ミリぐらいの黒いポチがあり、真ん中に四ミリの緑の線が引いてある、左上には少し大きな余白がある。したがって、一面を真っ赤に塗りたくったというのは事実に反するから、損害賠償をよこせ」と言ったらどうか。

こんな訴訟が罷《まか》り通れば、日本社会における論評の自由そのものが死ぬ。それを一画家でなく、言論の自由を死守する側に立つべき新聞社が、巨額の倍賞請求をしているのだ。

論争が最低限のルール

膨大な情報量のなかで、新聞が世論形成をする最大の武器は「見出し」にある。膨大な記事のなかに、見出しと違う発言や朝日新聞が誘導したい方向と違う記事がごくわずかでも記載されていれば、それを以《もつ》て公正な報道をした、虚報や捏造ではないとの言い訳が通用する――それは最早、マスコミによる言論暗黒社会に他ならないであろう。

こんな裁判を日本社会が容認したら、大企業や大組織が批判本に対し、著書全体の論証能力を度外視して、些末な事実や、著者の評価部分を切り取って高額の賠償を請求する先例を開く。

この訴訟が朝日の部分勝訴、いや全面的に訴えが棄却されても、このような訴訟を起こした朝日新聞が社会的に断罪されないで終われば、多くの著者や出版社は、朝日のみならず大組織への批判を自粛することになりかねない。

何しろ五千万円という途方もない賠償金額である。

算定根拠がない。

脅しの効果はじわじわと効き始めているのではないか。

その意味で、これが典型的なスラップ訴訟に該当する点を最後に指摘しておきたい。

人権派新聞のスラップ訴訟

「スラップ」（SLAPP、strategic lawsuit against public participation）とは、大企業や政府など社会的に見て比較強者が、権力を持たない個人を相手取り、発言封じなど、恫喝や報復を目的とした訴訟のことだ。高額の賠償を請求する名誉毀損訴訟、批判を封殺する訴訟など訴訟権の濫用《らんよう》に対して広範に用いられる概念であり、今回のケースは明白なスラップと言えるであろう。

そして、訴訟大国アメリカのほとんどの州では、すでにスラップを禁止、抑止する「アンチスラップ条項」が制定されている。

たとえば、カリフォルニア民事訴訟法四百二十五条十六項では「議会は（中略）言論の自由にかかわる憲法上の諸権利の有効な行使を萎縮させることを主目的とした、妨害的な訴訟が増加していることを確認し言明する」とし、言論の自由の範囲内の行為に向けて起こされた訴訟に対し、被告が対抗するための特別動議（反スラップ動議）を定めている。提訴がスラップと認定されれば、原告は社会的指弾を浴びせられる。

今回の朝日訴訟を、私の議論に全く賛成しないとしても「教科書に載るようなスラップ提訴だ」と批判しているのは元朝日新聞記者、烏賀陽《うがや》弘道氏だ。本来、スラップがあれば糾弾する先頭に立つべき人権派新聞が、他の日本企業があえて踏み切ったことのないような模範的スラップを仕掛けてきた。この点でも、朝日新聞は末期症状を呈しているといえるのではあるまいか。

朝日新聞への要求

以下、関係各位に強く訴え、本稿を閉じたい。

まず、国会に求めたい。

森友・加計に関する朝日新聞の一連の報道と、拙著への朝日訴訟という一連の経過は、朝日新聞による虚偽の印象に基づく輿論の誘導と個人著者の言論抹殺訴訟という、二重に日本国憲法の根幹を脅《おびや》かす暴挙であり、国会で検証すべきだ。

とりわけ、今回の提訴がスラップの濫用へと道を開くことが憂慮される。スラップ防止法の早期制定を強く求めたい。

一方、朝日新聞社には、改めて次のことを求めたい。

私は裁判を受けて立つ。が、こんな一方的で粗末な訴状を私が受けて立つ以上、朝日新聞側も係争中だと逃げず、私の要求に答えなさい。

拙著について、Ａｍａｚｏｎのレビュー二百八十件ほどの多数の読者投稿の判定は、圧倒的に朝日がクロというものだ。しかも特徴的なのは、私に批判的なスタンスを保持しながら、拙著の相対的な正当性を認める読者が多数いることだ。多数の批判的読者からも客観性を認められた本が提起する問題から、係争を理由に逃げることは、社会的に許されまい。

- 紙面による朝日側と小川側の主張の検証を大きな規模で読者に提示するよう要求する。
- 両者を代表する有識者による対論の掲載を要求する。
- 朝日新聞記者や幹部が出席しての公開討論を要求する。

新聞各社にも訴えたい。

係争中の著書の新聞広告は控えるという内規が各社にあるという。

そのため、拙著は、訴訟以後、新聞で広告が掲載できなくなっているが、これはおかしい。

私は刑事事件の被告か、あるいはその可能性を疑われているのでは全くない。民事訴訟の提訴に一定の良識や基準があった時代ならともかく、今回のように訴訟そのものがスラップだと指摘されている件で広告掲載をしないとなれば、今後、不正が告発された社会的強者は、民事訴訟を起こせば、その間、社会的批判から逃げられることになるではないか。

民事訴訟に関する書籍の広告基準を見直すことを新聞各社に要請したい。

読者にも強く訴えたい。

これは、私と朝日新聞の私的な問題ではない。この裁判の帰趨は、日本の言論、日本の憲法体制、日本の今後の自由そのものに間違いなく強い影響を与える。

しかも、衆寡敵《しゅうかてき》せず、我々は『月刊Ｈａｎａｄａ』や産経新聞をはじめとする少数の保守系言論機関とネットによってしか国民に事実を知らせる術《すべ》がない。

この裁判に関しては、先程ご紹介した通り、私が代表理事を務める一般社団法人日本平和学研究所のホームページに特設サイトを設けた。進行状況や御支援、運動に関しては、「http://asahislapp.jp」を参照いただければ幸いだ。
※本文中、スラップに関する部分は㈳日本平和学研究所の岡田鉄兵研究員の調べ・見解に負うている。

二、朝日新聞の自殺

総理が「哀れですね」

目を疑った。

安倍晋三首相が、フェイスブックで次のようなコメントを発信していたからだ。「哀れですね。朝日らしい惨《みじ》めな言い訳。予想通りでした」

平成三十（二〇一八）年二月六日付の朝日新聞朝刊記事に対する和田政宗参議院議員の投稿に、自ら書きこんだことを、安倍首相は国会で認めている。

大マスコミに対する現職総理の公開コメントとしては、空前の侮蔑《ぶべつ》と言えるだろう。

日頃、毒舌を売りにしている政治家なら分かるが、安倍首相は現職総理であるうえ、特に発言に慎重な政治家である。暴言・失言の類《たぐい》はほとんどない。

その意味で、安倍首相の「哀れ」コメントは重い。

総理としてタブーだった特定マスコミ批判を安倍氏が繰り出さざるを得ないほど、自浄作用が効かない朝日新聞、そして相互批判による正常化さえ図れないマスコミの堕落を示す象徴的な事例と言うべきだからだ。

真っ赤な嘘を指摘

まず、この「哀れ」発言が出た経緯そのものを確認しておこう。平成二十九年五月九日付朝刊で朝日新聞は、森友学園の籠池《かごいけ》泰典前理事長が近畿財務局に提出した新設小学校の設置趣意書に「安倍晋三記念小学校」との名称を書いていたと証言した、と報じた。

当時の民進党議員が国会質疑に持ち出した同趣意書は、役所が法令に基づいた判断で、黒塗りだらけになり校名が隠されていたので、朝日新聞は実際に書かれていた校名を確認するため、籠池氏に取材したわけである。

ところが翌年十一月、学園の民事再生手続きの管財人から「(学園の開設がなくなったため)開示されても支障はない」との意見書を得て文書が公開され、書かれていた名称は「安倍晋三記念小学校」ではなく「開成小学校」であったことが判明した。

つまり朝日新聞は、籠池氏が所有しているはずの設置趣意書の手元コピーの確認さえ取らずに、籠池氏の虚偽証言をそのまま事実であるかのように報道したことになる。

この朝日報道は、その後長らく、籠池氏が「安倍晋三記念小学校」との名称で学校を申請したことがまるで安倍首相側の道義的責任であり、またそれが近畿財務局による安倍首相への忖度《そんたく》につながったとする国会質疑と報道に根拠を与えることになった。その意味で、朝日新聞の校名報道は、国政に影響を与えるレベルの誤報だったというべきだ。

安倍首相はその点を国会答弁で厳しく糾弾した。

総理（森友の土地価格値下げが特例ではないこと、安倍昭恵夫人が名誉校長を務めていることを佐川理財局長が知らなかったことなど……）そうした議論の中で、御党の――落選されてしまいましたが――福島（伸享《のぶゆき》）委員が、籠池氏が例えば朝日新聞のインタビューに答えて、「小学校の申請において『安倍晋三記念小学校』と申請した」、こう述べたと。朝日新聞は、それを前提に、それが事実であるかのごとき報道をしまして、ほかの報道もそうされました。「安倍晋三記念小学校」という名前でこれは申請されているんだから、当然、みんながそう思うだろうということで、追及をされました。

私は黒塗りしか見ておりませんから、私は答えようがなかったわけでありますが、実際はそれは「開成小学校」ということであったわけでありまして、全く違ったわけであります。

籠池氏は、当然、自分でそのコピーは持っているはずでありますから、自分が言っていることは違うということをわかって出していたわけでありますし、また、黒塗りのスペースを見れば、「安倍晋三記念小学校」という長さとは違うということは明らかであります。明らかであるにもかかわらず、報道され、そして、この委員会でもそれを前提に議論がなされたことによって、これは当然、疑惑はいわば広がるということにもなったんだろう、こう思うわけであります。

しかし、その前提となるこの申込書においては、「安倍晋三記念小学校」ということはまさに真っ赤なうそであったわけでありまして、「開成小学校」であったわけであります。（平成三十年一月二十九日の衆議院予算委員会）

朝日新聞のインタビュー記事が「真っ赤なうそ」であったという指摘は、重要である。この誤報が「事実」として与えた根拠をベースに、膨大な安倍批判が繰り広げられ、その不当な悪印象によって毀損《きそん》された安倍氏の名誉は、今日に至るまで全く回復していないからだ。

嘘の報道に乗っかる

安倍首相は二月五日の国会でも、朝日新聞の記事を強く批判している。

逢坂委員　さて、もうひとつの鍵、安倍昭恵さんの問題であります。これも私、ちょっと週末びっくりしました。安倍昭恵さんが訪問先の福岡県で、そこで森友問題について「私が真実を知りたいって、本当に思います。何もかかわっていないんです」と報じられたというんですね（議場「えええええー！」）。これ、ちょっと私、立場、ちゃんと弁《わきま》えてるのかどうかですね、非常に悩ましく聞きました。真実を知りたいのは国民のみなさんなんですよ！（「そうだー！」

拍手）だから、まずは安倍昭恵さん自身が真実を語るべきなんですよ。（「そのとおりー！」）

この、総理、一昨日の奥様、安倍昭恵さんの「私が真実を知りたいって本当に思います。何もかかわっていないんです」という発言を聞いて、どう思われますか？　そのとおりだと思われますか？

総理　これはですねえ……ちょっと野次があまりにも多いので（委員長「発言中はご静粛《せいしゅく》に」）、すいません、この、後ろに座ってる人たちの野次も、大変大きくて答えにくいので。（「うるさいんだよ！」）

これはですね、たとえばですね、たとえば「安倍晋三記念小学校」、こう籠池さんが申請した。これを朝日新聞が事実かの如く報道しましたね。籠池さんが考えた名前ですから当時はそうだと思ったら、実は「開成小学校」だったんですよ。で御党、前、皆さん民進党に属しておられましたよね？　民進党の福島さん、そこに座って、「これ『安倍晋三記念小学校』で申請されましたよね？　だからみんな分かってたんですよ。かかわっていることが。そこで忖度が生まれたんですよ、それを認めなさい！」と私を追及したんですよ。

しかしこれ、たとえば報道した朝日新聞もですね（逢坂委員「質問と答えている内容違いますよ」）、報道した朝日新聞もですね、しっかりとですね、これコピーがあるはずですから、元本の。

コピーで普通、学校の小学校の名前見ますよね？　それを普通、裏取りと言うんですよ。裏取りをしない記事というのは、これはもう記事とは言えないんです。ほとんどちゃんとした品質を出していない。

そして、実は違った（逢坂「昭恵さんの発言に対してどうかって聞いているんですよ」）……いま、すいませんいま（野次、委員長「ご静粛に願います」）、すいません、いま一生懸命答えているんですから、野次で妨害をしないでください。すいません、後ろの方々もやめていただけますか？　委員長、ちょっと私発言しにくいものですから、注意して下さい。（委員長「ご静粛に願います」）

そこでですね、そこで、いわばそういう形でですね、疑惑は広まっていくんです。いま、多くの方々がまだそう思っていますよ。そう思っているんです。で、この籠池さん。これは、真っ赤な、嘘八百じゃありませんか。その方が今度述べたというテープが出てきた。

しかも報道の仕方は、「籠池さんと安倍昭恵氏の発言に対する新たなテープが出てきた」って書くから、「私の妻の肉声がテープになった」と。これはまだ多くの方々が誤解していますが、私の妻のテープではなくて、これは籠池さんがですね、誰かから促《うなが》されたのかもしれませんが、入れたテープが出てきた。こういうわけであります。

しかもそれは、もう昨年ですね、昨年報道されていることなんです、五月ぐらいに。それをまたなんか「出てきた」と言って、「新たな事実」と言って大きく報道されるということが、ずーっと続いているんですよ、逢坂さん。ですから、これは一体何なんだ、とこれを思うわけでありまして。

で、昭恵に対する質問は、私はこうやって常に誠実にお答えをさせていただいている。で、答えても答えても、いわば皆さんの党もですね、こういう嘘の報道に乗っかって、それが事実であるとして、事実と認定して質問をする。延々と、しかも質問をしますから、それがテレビで報道されて、テレビもそれを報道するから、そういう頭になっていくということもあるわけでありまして、ですから、これはちゃんと説明をさせていただかなければいけない。

嘘と質疑による無限連鎖

長い引用になったが、安倍首相の発言に言葉の言い重ねが奇妙に多い事に読者は気付かれたであろう。安倍氏自身にさえ自分の発言が聞こえない程の野次が渦巻いているからだ。テレビは野党の野次の騒音をカットしているので分からないが、これが平成末の日本の国会の有様なのである。議会制民主主義の実質的な崩壊であろう。

安倍首相は、昭恵氏が「私こそ真実を教えてほしい」と言ったことが無責任ではないかとの逢坂氏の質問に対し、そもそもこの「疑惑」の構造が「報道」と「国会質疑」の、事実無根の風説の無限連鎖であることを指摘している。

権威ある国会の総理答弁として極めて深刻であろう。

首相が国会で明確に指摘した森友問題の構図を分かり易く書けば、次のようになる。

朝日新聞による報道の品質に達していない「嘘の報道」→国会がその「嘘」を「事実」と前提して追及→テレビが「事実」として報道→国民が「嘘の報道」を「事実」と信じ込む

この答弁が重大かつ深刻だというのは、第一に、報道機関と野党において「事実」に立脚した追及という最低限のモラルが、全面崩壊していることを意味するからである。

第二に、首相自らが国会で、こうした「疑惑捏造の構造」を告発しなければならないほど、この国の国会・マスコミ・言論界がモラルハザードを生じていることを意味するからである。

第三に、こうした首相答弁の本質はほとんど国民に届いていないのだが、そうであることに対して何ら痛痒《つうよう》を感じないほど、報道機関と国会議員の間に、報道や民主主義、国民の知る権利に関する「無責任の無限連鎖」――言うまでもなく、丸山眞男による戦前の指導部への批判――が蔓延《まんえん》していることを意味するからである。

一方、朝日新聞は籠池氏の証言の裏も取らずに、「安倍晋三記念小学校」と誤報したことについて次のように釈明した。

①安倍晋三記念小学校の名称は、学園が建設計画を進めていた当初、使っていた校名だった。

②幼稚園の保護者に配ったとされる寄付金の「払込取扱票」には、「安倍晋三記念小学校」という文言《もんごん》が実際に印刷されていた（二〇一四年春）

③同年十月、森友学園は小学校の設置認可申請書を出したが、大阪府教育庁の幹部などによると、その時点では「瑞穂の國記念小學院」となっていた。しかし学園側が申請前、府に対して、「安倍晋三記念小学校」も仮称として使っていたこともある。

④そうしたなか、昨年五月八日に衆院予算委員会で、当時民進党の福島伸享《のぶゆき》氏が黒塗りの設置趣意書を示して、タイトル部分に「安倍晋三記念小学校」と書いていたのではないかと質問をし、

⑤朝日新聞が同日の国会審議後に籠池氏にインタビューし、籠池氏が「安倍晋三記念小学校」と設置趣意書に記載したと答えたので、それを記事にした。

⑥インタビューから半年後の十一月に、校名が「開成小学校」だったことが判明した時には、その旨《むね》報道した。

安倍首相の酷評を待つまでもなく、たしかに「惨めな言い訳」だ。

安倍首相が問題にしているのは、黒塗りになっている設置趣意書の校名を「安倍晋三記念小学

校」だったと「誤報」した一点なのである。黒塗りで隠されている校名を取材で明らかにしたいなら、証言のみに頼らず、現物のコピーを閲覧するのは報道の常識である。さらに、誤報だったことが判明したら謝罪と訂正をし、自分の報道が原因で拡散された「真っ赤な嘘」に責任を持てということだ。

朝日の記事は黒塗りの下が実はこう記載されているという暴露記事なのだから、それが虚偽であったら大変な不祥事である。黒塗りの下の「事実」を取材によって明らかにしたと称して、それが間違っていたのだからシャレにならない。

断るまでもなく、本来、実話週刊誌やイエローペーパーと朝日や読売では、報道機関としての社会的信頼の意味が異なる。前者は虚実織り交ぜ、ファクトとフィクションの境界線で読者を喜ばせるのが社会的機能である。誰も、週刊誌の「実話」に厳密な意味で「実話」など求めてはいない。だが大新聞となれば、「報道は事実だ」という前提で日本社会は動く。

朝日が「事実」として記事にしたら、以後、他の報道機関、言論人、ジャーナリストは当該報道を一から自分で検証することはせずに、評価や論評、場合によっては社会的断罪のプロセスに事は移ってゆく。その意味で、この誤報は自社の社会的信用を悪用した政権打倒のデマゴギーであり、報道機関として自滅的な誤謬《ごびゅう》というべきだ。

一見小さな誤報に見えるが通常の大企業ならば社長引責レベルの事案であろう。

日本否定の因子

それにしても朝日新聞は、なぜここまで堕《お》ち続けるのか。

現職首相に国会で「品質に達していない」「嘘の報道」とこき下ろされ、反論記事を掲載したら「哀れ」と酷評され、それに対して反撃さえできない。戦後言論空間の「権威」だった朝日がここまで落ちぶれたのはなぜなのか。

理由は様々であろうが、ここではもっとも根源的な理由として、朝日新聞がその旗頭《はたがしら》となってきた「戦後イデオロギー」の全面的な破綻《はたん》のなかで、自分たちが守り、立て籠《こ》もり、戦うべき「正義」を失ったことによる精神的な自殺なのではないかという仮説を提出しておきたい。

「戦後イデオロギー」――言うまでもなく、マルクス主義とGHQ史観が過激に化合した反日進歩史観のことである。

そこでは、「自由」と「民主」の二つが中核価値とされたが、問題は「戦後イデオロギー」が、これらの価値の吟味や深化の代わりに、この二つの価値を宣揚するのに「日本」を全面否定した点にある。

日本否定の因子は次の四点だ。

第一に、日本が天皇という遅れた君主制度を持ち、江戸時代の鎖国、封建《ほうけん》体制により近代化が遅れた、世界史の進歩からみて劣等な国だという臆断《おくだん》である。

第二に、ヨーロッパはルネッサンス以降、自前で近代化して「自由」と「民主」を身につけたのに、日本は自前の近代化ができず、明治になって俄《にわか》作りの安っぽい近代化をした劣等な国だという臆断である。

第三に、近代化が不完全だったために、大日本帝国という弾圧的・半封建国家が続いた挙句、昭和の戦争で軍国主義が日本を支配し、間違った戦争をして負けた劣等な国だという臆断である。

そして四つ目に、その不完全で後進的な近代化のために、日本は中国、朝鮮半島で残虐行為を繰り返し、謝罪しきれぬ罪とアジアへの負債を負った、人類でもとりわけ劣等な国だという臆断である。

この四つの、客観的に見て誤った自己侮蔑、自己否定をベースに、「自由」と「民主」の国をこれから作ろうという形で「戦後イデオロギー」は始まった。「自由」と「民主」を身につけ、進歩の側に立ち、「人類普遍の原理」を正々堂々と胸を張って生きるためには、日本人であることに由来する恥と過ちを全面的に清算せねばならない。このような形で、日本自身の否定と戦後的価値の肯定が一体となった一種独自の革命思想が「戦後イデオロギー」の本質である。

侮蔑の情念が原動力

私見では、欧米が作り出した近代民主国家というシステムは、人類のある段階を一定水準で代表し得ている。もちろん、「進歩」も「自然科学」も「自由」と「民主」も、永遠不変の真理などではない。だが十八世紀以前のヨーロッパが支那、イスラム圏、インド、日本などと並立した個性的な一文明だったのに対し、十九世紀の産業革命と民主革命以後、ヨーロッパ主導で作られた近代世界システムは、明らかに普遍性の度合が違う。

したがって、戦後日本が「自由」と「民主」という価値を日本の歴史や国柄《くにがら》、精神的社会的遺産と整合しながら取り入れてゆくのであれば、それは理に適《かな》った選択であったろう。

だが「戦後イデオロギー」は、「自由」や「民主」の知的な吟味も、日本の国柄との調整も一切蔑《ないがし》ろにした。それは新たな価値を身につけ、深める喜びではなく、戦前までの日本を否定する侮蔑の情念を原動力とし続けた。

言うまでもなく、「自由」や「民主」に必要なのは自己侮蔑でもなければ、信念の強制でもない。寧《むし》ろ、その限界や節度を批判的に吟味することが、その深化につながる。しかし日本の進歩派は、そういう知的手続きを踏んで「自由」と「民主」の内実を深める代わりに、保守的価値観の排撃、過去の日本の悪や劣等の告発、宣布にかまけ続けた。

こうしたイデオロギー運動を代表するのが、東京大学を頂点とする大学システムと、岩波書店、朝日新聞、日教組教育だったわけである。

いまや、世界と日本の比較が巨細に可能になり、また西欧の没落、共産主義の破綻のなかで、日本の歴史と文化は、比較論のうえでも高く評価されるべきであることは広く承認されつつある。また、第二次世界大戦の研究も深まり、世界の謀略の渦のなかでの国益を巡る複雑な様相が解明されるにつれ、東京裁判史観に全面依拠する若い研究者は少数派となっている。

「戦後イデオロギー」の終焉

さらに、戦後イデオロギーのもう一つの中核であった憲法九条平和主義も破綻した。九条の墨《ぼく》守《しゅ》で日本の平和が守られるという考え方は、説得力も国民的支持も失っている。

保守政党や安倍政権の支持率が若い世代で軒並み七割以上に上るという各種調査は、安倍政権の経済・社会政策の成功のみならず、日本否定、保守否定、安全保障否定の「戦後イデオロギー」の終焉《しゅうえん》を意味していよう。

言うまでもなく、「自由」も「民主」も「平和」も、真面目に吟味・更新し続ければ、破綻する必要の全くない理念だったはずだ。

問題は、これらの理念を吟味、深化もさせずに、いつまでもそれを日本否定、保守侮蔑、九条の念仏という思考停止と感情的反応に置き換え、マスコミや教育による国民の洗脳という手段で価値を守ろうとしてきた戦後イデオロギー派＝東大・岩波・朝日系知識人集団の長年にわたる「反知性主義」である。

たとえば、ある時期まで最もそのイデオロギーを更新する能力があったはずの柄谷行人《からたにこうじん》氏のような人が、平成改元前後に早くも思想家を廃業し、ポストモダニズムの難解さを偽装しつつ、その実、「戦後イデオロギー」と添い寝するだけの後半生を送ったことが、彼らの堕落を象徴していよう。

「自由」「民主」「平和」を日本否定の情念から切り分け、寧ろ日本の歴史や価値観と接合してゆくこと——これは、江藤淳、岡崎久彦、西尾幹二、小堀桂一郎氏らの世代の保守系知識人が新たな保守思想の地平を切り開いたことに対応し得たはずなのだが——それを左派知識人がほとんどしなかったことが、戦後イデオロギーの破綻の原因である。

そうした中、若い人文学者たちの間でも、「戦後イデオロギー」は静かに消えつつある。たとえば、最近私が読んだ本から無差別に羅列しても、『丸山眞男と平泉澄《きよし》—昭和期日本の政治主義』（柏書房）の植村和秀氏（一九六六年生まれ）、『吉田松陰—「日本」を発見した思想家』（ちくま新書）の桐原健真《けんしん》氏（一九七五年生まれ）、『折口信夫《おりくちしのぶ》』（講談社）の安藤礼二氏（一九六七年生まれ）ら中堅の思想史家らの仕事に、「戦後イデオロギー」の拘束は見出《みいだ》せなくなりつつある。

アカデミズムは、こうして学閥の色が徐々に変わり、「戦後イデオロギー」の拘束は消滅していく。岩波書店は文化維持装置としての役割がある以上、極左パンフレットの刊行は続けつつも、文化出版社として延命するであろう。

廃業への国民運動を!

問題は、戦後イデオロギーの最大母体だった朝日新聞である。

朝日はあまりにも図体が大きく、また岩波と違い、日々の政治・社会報道そのものが生命線であるため、戦後イデオロギーの破綻状況に緩やかに対応することが困難だ。退路を見失ってしまっているのである。

その焦燥と自信喪失のなか、反安倍感情を煽るスキャンダリズムにより、最もコアな「戦後イデオロギー」派の読者層の心を激しくつかみ続けるという、いわばイエロージャーナリズムの手法に手を染める他なかったというのが、近年の朝日新聞の虚報や開き直りの根本原因ではあるまいか。

その場合、彼らが単に明日なきわが身に絶望し、無謀な虚報・捏造を繰り返しているのか、それとも慰安婦報道謝罪のあとの極端な開き直りの裏には、中国共産党への何らかの意味での従属があるのかについては、いまは留保しておく。

だが、彼らによる日本国家への実害は、もはやその社論や報道姿勢を批判していて事足りるレベルではない。ここまで開き直られては、もはや廃業に向けた国民運動を展開するしかないのではあるまいか。

第二章

森友・加計事件とは何だったのか

一・籠池佳茂氏との対話　両親は安倍総理夫妻に謝れ

メディアスクラムの渦

小川　この一年、籠池家ではあまりにもいろんなことがあったのではないですか。

籠池　よもやここまで世間を巻き込んだ大騒動になるとは、考えもしませんでした。いまとなれば、「あの時こうしていれば」と思うこともあるのですが、経験したことのない渦に巻き込まれ、誤った選択やボタンのかけ違いを重ねて、事ここに至ってしまいました。

　その過程で、世間を騒がせただけでなく、安倍政権にまで多大なご迷惑が及ぶことになり、大変申し訳なく思っております。私だけでなく、両親も安倍夫妻に謝罪しなければならない。また、幼稚園の園児や保護者の皆さんをはじめ、周囲の多くの人にも、両親に代わってお詫び申し上げます。

小川　保守派を標榜《ひょうぼう》し、安倍総理を敬愛しているとまで言っていた籠池泰典前理事長が豹変《ひょうへん》して、政権批判に及んだのは驚きでした。

籠池　両親の態度の急変については、ひとえに私と両親の判断ミスが引き起こしたことです。順を追って詳しくお話ししたいと思いますが、メディアスクラムの渦から逃れたくて選んだ選択肢が、ことごとく誤った方向に行ってしまった。

もちろん、最終的に進む方向を選択したのは自分たちですから、責任は負わなければなりません。ただ、全国的な報道の渦に巻き込まれ、野党や朝日などのメディアから雁字搦《がんじがら》めにされていくなかで、地方の一幼稚園では対処しきれず、逃れられない泥沼に呑みこまれてしまったこともたしかです。

小川　前理事長の補助金の詐取《さしゅ》容疑や、あたかも安倍総理や昭恵夫人が国有地売却に関与したかのような物言い、あるいは偽証については批判されても仕方ありません。『徹底検証「森友・加計事件」――朝日新聞による戦後最大級の報道犯罪』でも、そこは厳しく書きました。

しかし、その前の段階、つまり教育内容についてマスコミから袋叩きにされ、国有地の問題もまだ疑惑の段階だったにもかかわらず、家の前や幼稚園の周りにも立錐《りっすい》の余地がないほどマスコミが連日押し掛けた。これが正しい報道の在り方だったとは全く思えません。当時の状況を詳しく伺いたいと思います。

籠池　私と両親は、事情があって平成二十八（二〇一六）年の十月に再会するまでの間、四年ほど疎遠になっていました。私の息子が四歳になるので、幼稚園に入れるならやはり森友学園の塚本幼稚園に入園させたいと考え、この時期に再会したのです。園に行って父と久しぶりに昼食をともにした際、「翌年四月に控えている開校に向けて、いよいよ頑張っている」「苦労もあったけれど、酒も断って、やっとここまできた」と話していました。父が小学校開設を構想し始めて、もう十年近く経っていました。

開校に影響があってはいけないと考えて公にしていませんでしたが、父は平成二十八年十一月に敗血症になり、入院しています。馬力の要る仕事をしてきたから、体にガタがきたのでしょう。大丈夫かと心配していた矢先に、平成二十九年年二月の報道が出たのです

小川　報道は一気に過熱しました。

幼稚園報道が過熱

籠池　取材が殺到していた一方で、運動会での選手宣誓や教育勅語を暗唱している園児たちの姿、そして昭恵夫人が塚本幼稚園に講演に来た際の映像などがどこから流出したのか、テレビで報道され、園に批判的な元保護者たちによる虐待や暴言の告発などが報じられていました。

小川　しかし、実際に私が元保護者や園児を通わせていた親御さんに取材したところ、厳しさと熱心さの両面を高く評価し、だからこそこの幼稚園に、という保護者の声を聴きました。

卒園後も誇りに思っている方が多かった。このことは拙著にも書きました。前理事長が追い詰められてした虚言と幼稚園の評価は分けねばなりません。

籠池　報道の過熱ぶりに、どうもおかしな流れになってきたな、とは思っていたのですが、しかし私自身は誰がどのような情報を流しているのか、逐一追ってはいませんでした。

そのなかで、国会での追及も連日に及び、当初は「（森友学園理事長は）教育熱心な方だと妻から聞いている」と答えていた安倍総理が、二月二十四日に、両親について「非常にしつこい」「教育者としていかがなものか」という答弁をされた。これについては、いま考えれば十分理解できますが、当時は「それは正直キツイな」というのが率直な気持ちでした。また、総理を支持していた父にとってもキツイ一言だったのではないかと思います。

小川　総理は、個人的には幼稚園も前理事長も知らない。だから一般論としての幼稚園の評価は、夫人なり保守の皆さんから聞いておられて好感をもっていたのではないですか。

しかし一方で、安倍事務所や夫人とのやり取りを総理が実際に確認したら、理事長側の働きかけが強引だったことを知って「非常にしつこい」という表現になったのだと思います。

「保守に見放された」

籠池　そして平成二十九年二月二十日、財務省理財局から、「長期出張に出たことにしてはどうか」「トラック四千台でゴミを運び出したと言ってくれないか」という、いわゆる「雲隠れ」と「口裏合わせ」の要請があったのです。

編集部　この件は三月十五日の衆院財務金融委員会で、佐川宣寿理財局長（当時）が「財務省として、隠れてくれなどと言った事実はございません」と否定し、今年の証人喚問でも否定していたのですが、翌平成三十年四月になって太田充現理財局長が「電話をしていた」と認めています。

小川　財務省から「雲隠れしろ」と実際に示唆されていたこと、これには心底、驚きました。理財局自体もパニック状態だったのでしょう。

籠池　父はその電話を受けて、実際に十日ほど自宅を離れ、以降二月末までマスコミに対する説明を行いませんでした。しかしその間に、事態はどんどん悪くなっていった。

二月二十二日には、新設小学校の認可を出すはずの大阪府私学課の私学審議会が、認可の結論を持ち越しにしました。もし認可がおりなければ小学校は開校できないし、開校できなければ資金繰りも立ち行かない。

大阪府しか持っていないはずの寄付名簿などの書類がマスコミに流出したり、申請書類の不備が学園側に連絡が来る前にメディアで報じられるなど、不可解な動きもありました。

また、これまで塚本幼稚園を応援し、講演に来てくださっていた保守派の論客の方のなかで、「たしかに講演には行ったが、どうもヘンな学校、ヘンな理事長夫妻だった」「森友学園はよく知らない」「現在は疎遠である」という姿勢を見せる方々もいらっしゃった。

そして、当初から日本会議と父の関係が報じられていましたが、日本会議の関係者が「森友学園は保守ではない」など否定的な発言をメディアに対して行い、日本会議大阪も二月十七日に「日本会議大阪は森友学園の土地取得に全く関与していない」と週刊誌向けの抗議文を公表しました。父は日本会議で長年、熱心に活動していただけに、なぜそこまでするのかという反感を、私だけでなく両親も持っていました。

そのため、両親は「自分たちだけが悪者にされるのではないか。国や大阪府、そして小学校建設を応援してくれていたはずの保守の人たちまで自分たちを見放そうとしている」との思いを強めていったのです。

「ご両親は悪くない」

小川　保守派の皆さんがさーっと引いていったのは疑問でしたね。たしかに、テレビが塚本幼稚園の異常性を強調して、もう何だかとんでもない存在に見えていたから距離を置きたいと思う気持ちはわかるけれど。

籠池　そこで、これ以上黙っていたらもっと大変なことになると考えた両親は、三月十日に会見を行うと決め、私は会見の三時間前に急遽呼び出され、会見場で同席することになったのです。

編集部　会見時、本来、同席すべき弁護士がいませんでしたね。

籠池　当時の代理人は北浜法律事務所の酒井康夫弁護士で、会見前の打ち合わせには同席していました。しかし、この頃にはもう代理人を降りたいと父に言っていたそうです。大騒動になって、自分ではこれ以上抱えきれないと思ったのかもしれません。しかし、国有地売却の窓口になっていた近畿財務局との法的な部分を含む折衝は、酒井弁護士が多くを知っていたので、いま辞められたら困ると何とか慰留していた。

会見前に用意していた想定問答のやり取りのなかに、「小学校の認可は取り下げ、理事長は辞任する」とあったので私は疑問に思ったのですが、とにかく会見に出ることになった。

小川　その会見場で、のちに「籠池夫妻のメディア対応の窓口」となる著述家の菅野完氏と対面することになったのですね

籠池　はい。彼も会見に出ており、質疑応答で挙手したのです。

編集部　前理事長が「あんたが菅野さんか」と言ったあの場面ですね。

籠池　父は、菅野氏がこの時点で塚本幼稚園での虐待などについて取材したり、記事を書いたりしていたのを知っていたようです。だからああいう反応になったのでしょう。しかしいま

考えれば、これが大きな運命の分かれ道になりました。

翌日、菅野氏から私に会いたいと連絡があり、「なぜ会う必要があるのか」と返すと、「右も左も騒動を利用する奴がいる」という返事が来て、その内容が当時の自分の心情に合っていたため、会うことになりました。

編集部　菅野氏は当時、幼稚園の教育内容を批判していた急先鋒でした。平成二十八年四月に出した『日本会議の研究』（扶桑社新書）でも、塚本幼稚園を批判的に取り上げています。

籠池　私はそのことを知らなかったのです。驚いたのは、彼が私の祖父で森友学園の創設者である森友寛について、実によく調べていた事です。菅野氏は、「ご両親は悪くない。悪いのは大阪府であり、財務省だ」「自分は役人を刺したい」と話していた。当時はそんな意見を聞くのも初めてだったので、「それなら父に会って話を聞いてくれ」と言って、自宅へ連れて行ったのです。

稲田氏告発までの三時間

編集部　それが三月十二日のこと。その日、私（編集部・梶原）は午前中から籠池家で取材していました。取材が始まって六時間近く経った頃、佳茂さんが菅野氏を連れて入ってきたので驚いたのです。その際は押し問答になり、前理事長は菅野氏に「あんたやりすぎや。恨んでるで」と言い、諄子氏は「あんたに苦しめられて……」と言っていた。

しかしそこから三時間以上の話し合いのなかで、菅野氏は籠池夫妻に「理事長に後ろ足で砂をかけたやつが何人もいる」「誰かを刺したくはないか」としきりに持ちかけた。安倍総理批判をさせようとしていた場面もありましたが、それは前理事長が頑なに断った。「安倍さんは応援しているから刺したくない。昭恵さんも含めて刺すような材料もない」と。

しかし、妻の諄子氏はもともと知り合いだったにもかかわらず、「疎遠だ」と国会で答弁していた稲田朋美防衛大臣（当時）に対する怒りを募らせていた。諄子氏が口を滑らせたところに菅野氏が、「では、夫の龍示氏だけでなく、稲田朋美も森友学園の顧問弁護士だったことを告発しよう」と持ちかけたのです。

菅野氏は、「稲田を刺せば、明日から家の前のマスコミはいなくなる。矛先が稲田に向かう」「この森友問題は麻生太郎氏が倒閣のために画策したことなので、麻生と稲田を刺せば官邸も喜ぶ」などと説得。そして、「『稲田告発動画』をいますぐ撮影し、明日の午前中に流せば効果的だ。明日の国会で事前質問なしで稲田にぶつけられる。もう明日から、メディアは家の前からいなくなる」と急《せ》かし、籠池夫妻もその話に乗ったのです。

完全にパニック状態に

小川　そして十三日月曜日の朝九時に、「稲田大臣は森友の顧問弁護士を務めていた」という動画がネット上で公開されたのですね。

編集部　十三日、九時前から始まった予算委員会で、当時民進党だった小川敏夫議員が稲田大臣にこの件を質問しています。通告なしの質問を受けた稲田大臣は慌ててこれを否定しましたが、稲田大臣の名前が記載された森友関連の訴訟の準備書面も提示され、翌十四日に稲田大臣は顧問弁護士だったことを認めざるを得なくなりました。

小川　国会のタイミングまで見計らって仕掛けていたとは驚かされます。菅野氏と野党は、すでに連携していたのですね。しかも麻生氏の陰謀などと根も葉もない事まで吹き込んで、術中に嵌《は》めてゆく。

　しかし、当然のことながら、これでご両親はますます渦中の人となってしまった。しかも、稲田大臣を攻撃することは、すなわち内閣への攻撃になってしまう。実際、この時点ではまだ「土地問題についてはわからないが、塚本幼稚園の教育内容は悪くない」という態度だった保守派も硬化し、籠池家はますます保守のなかで孤立することになったわけです。予測できなかったのですか。

籠池　特に母は、稲田議員に対する怒りがあったので、そこに付け入られてしまった。何より、メディアスクラムを解きたかったし、母は父が破産する、あるいは逮捕されることを避けたかったのです。

そして三月十五日、当初は東京の記者クラブで会見を開く予定だったのですが、キャンセルしました。しかし東京行きの航空券が手元にあったため、母が「せっかく券があるんだから東京に行こう。家の周りはマスコミに囲まれていてゆっくりできない」と言い出したのです。

自宅から伊丹空港までも車やバイクでマスコミに追いかけられ、這《ほ》う這《ほ》うの体《てい》で飛行機に乗り込んだのですが、東京に着くと大阪とは比べ物にならないほどのマスコミが大挙して殺到していました。どうにもならなくなって菅野氏に電話したところ、大阪にいた彼から「自分が東京に戻るまでの間、自由党の小沢一郎と共産党の小池晃の予定をおさえたから会ってくれ」と言われました。

小川　なんと。ということは、菅野氏は小沢氏と小池氏の予定をおさえられる程、野党と深い関係だったのですか。

籠池　そうだと思います。しかし、とても会いに行けるような状態ではなかった。そのことを菅野氏に伝えると、「とにかく自分の自宅へ向かえ」と指示を受けた。菅野氏の自宅に行くまでの間もマスコミに追いかけられ、中継ヘリで追跡したテレビ局もあったそうです。私も両親も、完全にパニックに陥っていました。

百万円献金発言の背景

小川　すると私は菅野さんに一足先を越された事になるわけだ。と言うのも、私は籠池前理事長とは一面識もなかったけれど、籠池家の苦境を案じていた昭恵夫人から相談を受け、当時の異常なバッシング報道、そして保守派がみんな逃げ出す姿勢に義憤を感じていたので、対応できる弁護士を紹介しようと考えて連絡を取り始めていたのです。前日の深夜にも私は前理事長に電話し、当日のたしか朝の五時頃、折り返しの電話を貰っています。そして昼頃に「今伊丹空港です」との電話。ところが、その後は何度も電話したが繋がらなくて……。その間に、菅野さんにすっかり取り込まれてしまったというわけですね。

籠池　菅野氏が帰宅してからさらに詳しい取材を受けていたのですが、その最中に酒井弁護士から電話があり、「あの『雲隠れ』『口裏合わせ』の電話はなかったことにしてください」と言われたのです。

さらには、酒井弁護士が報道各社に対し、自身の森友学園の代理人辞任と、「（財務局から）そのようなことを言われたこともありません」とするＦＡＸを報道各社、財務省、そして大阪府に送付していました。

編集部　佐川氏の「電話していない」答弁も同じ十五日の午前中です。

小川　この時点では、まだ補助金の不正なども指摘されていない段階だった。にもかかわらず、財務省は梯子《はしご》を外し、担当弁護士も辞任し、しかも口裏合せについて一緒になって嘘をついた。籠池家から見ると、みんなで自分を葬る動きに見えたのでしょう。

籠池　おそらくこれら全てが重なって、両親の思いは決定的になったのではないでしょうか。「国にも弁護士にも裏切られた」と。そしてこの日、ある意味で正式に「菅野氏だけをメディアの窓口にする」と決め、菅野氏がそのことを公表したのです。

編集部　そして菅野氏が自宅前会見を行い、そのことを、毎日新聞（ウェブ版）はこう報じています。

〈菅野氏は十五日午後、都内で籠池氏夫妻と面会した。菅野氏は「籠池氏から、ある政治家との金銭授受を含むやり取りを聞いた。メールの履歴も確認した。今まで出てきた政治家と違う名だった」と説明。

「お金の流れは皆さんが考えている方向と逆だと思うが」と述べ（中略）その政治家の氏名については「籠池氏から話があると思う」と述べるにとどめ、その政治家が与党国会議員、現職閣僚かと問う質問に「そうですね」と答えた。

また、「籠池氏は野党が共同で調査チームを組み、大阪に来てくれれば、知っていることを物証を添えて話すと語っている」と語った〉

「昭恵さんに裏切られた」

小川　なるほど、ようやくこれで私の体験と辻褄《つじつま》が合います。

十五日の夜になってようやく電話がつながったら奥さんが出て一言、「昭恵さんに裏切られましたわ、もういいです」、ガチャンと電話を切られた。何があったのか謎でしたが、籠池家の皆さんと菅野さんが話しているうちに、昭恵夫人や総理を含めた、籠池さんを嵌める陰謀に見えてきて「裏切られた」となったんでしょうね。それにしてもこの毎日新聞が報じている菅野氏の発言をみれば、その後、昭恵さんから百万円を貰った話も野党議員を大阪に送り込む事も全部彼のシナリオ通りではありませんか。こんなペテン師の言うがままになって日本中を大騒ぎに巻き込んだのが、野党とマスコミだったわけだ。ところで、野党側とはどんな話をしたのですか？

籠池　当日は福島瑞穂議員、森ゆうこ議員、小池晃議員、今井雅人議員が来て、たしか金銭の話と、昭恵夫人とのメールのやり取りについて聞かれていたと記憶しています。また、父から「補助金の件については若干、心配があります」と話しましたが、そのことに野党の議員の方々はほとんど関心を示していなかったような印象でした。

それまで一切相容《あいい》れないと思っていた共産党や社民党の議員が自宅にいるわけですから、

夢を見ているような気持ちでした。頭のどこかでは、おかしなほうに進んでいるのではという考えもあったのですが、「しかしもう引き返せない」という思いのほうが強くなっていきました。

すべてが敵に見えていた

籠池　この日に証人喚問が決まり、さらに「国が自分たちを敵視している」という思いに拍車がかかってしまった。ちなみに、証人喚問で父が読み上げた文章は菅野氏が書いたものです。

その後も、三月三十一日に大阪府・市の合同監査が入り、幼稚園の補助金の件や保育園の保育士の数が足らないなどで刑事告訴も辞さないと言われ、対処に追われていました。四月には森友学園の民事再生法手続きがあり、六月には家宅捜索を受けるなどドタバタしている間に、一気に七月三十一日の両親の逮捕まで行ってしまったという印象です。

率直に言えば、当時は政権も、国も、大阪府も、マスコミも、保守派さえも、すべて敵に見えていました。「どうしてこんなに頑張ってきた父だけが悪者にされるんだ」と。

小川　いまとなっては、「大山鳴動《たいざんめいどう》してネズミ一匹」だったことは明白です。しかしその鳴動が、国会や財務省を含む日本全体にパニックを引き起こした。いまから振り返って本当に問われるべきは、こういう状況下でマスコミ対応に慣れない籠池家が選択を誤ったかどうかではなく、マスコミの在り方と野党の謀略性でしょう。

左派の組織的囲い込み

籠池　菅野氏は、稲田議員が防衛大臣を辞任するとなった際には、父においおい泣きながら電話してきたと言います。「ようやくクビを取った」ということなのでしょうが、父自身は稲田議員のクビを取りたいなんて思っていなかったので、「何で泣いているの？」という反応でしたが……。

いまになってみればおかしいとわかることでも、渦中にいるときには気づけなかった。まるでユデガエルのようなもので、いつの間にか完全に野党支持者、つまり反政権グループに囲まれていた。ある活動家などは、一時期、両親と一緒に自宅に住んでいたほどです

小川　えっ、家に上がり込んで住んでいた、と。驚き入った話だな。そこまで付け込むのが左翼のやり口なのですね。

籠池　野党との連携で言えば、当初、辻元清美議員が塚本幼稚園に来たという話が話題になりましたが、これに関しても菅野氏の指示で、私の下の妹が「目撃したと言ったけれど、あれは間違いだった」と証言を変えさせられています。一方で菅野氏は「自分の庇護《ひご》者は共産党である」とも言っていました。

野党支持者が勾留《こうりゅう》中に差し入れを届けてくれたことなどはありがたかった。ただ、こういう人たちとばかり付き合っていると、自分がこれまで持っていた保守派の立場や、安倍総理支持という意見についても信じられなくなってくるのです。

明確な報道被害

小川　そりゃそうでしょうね。完全な洗脳だもの。しかし、佳茂さん自身は、その状況からどうやって脱却したのですか。

籠池　頭のどこかで「これでいいのか」と思ってはいましたが、決定的だったのは年明けて平成三十（二〇一八）年一月、菅野氏と裁判費用の話で打ち合わせをしたときです。私が「費用はどこから出るのですか」と訊いたところ、菅野氏は「民団幹部の会社経営者から工面《くめん》する」と言われたのです。当時は勾留がもう少し長引くと想定しており、四千万円程度を見積もっていたようでした。

小川　何と民団の名前が出てくるとは。菅野氏は、民団から四千万円も引っ張ってこられるんですか。次から次へと驚く他ないな。

籠池　さすがに「民団」という名前が出たところで、私も「これ以上は無理だ」と判断し、その時を最後に菅野氏とは一度も会っていません。

小川　ご両親は平成三十年五月二十五日、三百日にわたる勾留を解かれて保釈されましたが、いまのご両親の様子はいかがですか。

籠池　両親とは保釈されてからすぐに向かった弁護士事務所のエントランスで会ったのと、電話で三度ほど話した、それっきりです。弁護士が「どうも長男がおかしい」と勘付いたらしく、私を両親から遠ざけ、保釈後の会見場にも入れなかった。私自身はそもそも会見自体反対だったのですが、これも考慮されませんでした。

小川　弁護士ぐるみで籠池家を骨絡《ほねがら》みにし、保守叩き、反安倍の情報戦に使うなんて、とんでもない話です。菅野氏、活動家集団、弁護士、共産党、民団、小沢氏、小池氏、辻元氏をはじめ野党の面々。

一方、この連携の構図の中に自らもどっぷり嵌《はま》って大騒ぎを演じた朝日新聞を始めとするマスコミ。マスコミは「テレビ受けするトリックスターだ」と目をつけ、籠池家を消費し尽した。小学校は開校されず、保育園は認可取り消し、幼稚園も厳しい立場に立たされている。そして飽きたら見向きもしない。

信じ難いほど全てが醜悪です。しかも、この一連の流れは、明確な報道被害であり、深刻な人権問題でしょう。

決定的な不信の種

編集部　一方で、この機に いくつか確認しておかなければならないことがあります。この間の数々の振る舞いが、「籠池前理事長は嘘つき」「信用できない」というイメージを固めています。特に保守派にとって大きいのは、かつての塚本幼稚園のＨＰに「昭和天皇が当園に御臨幸」と掲載されていた件についてです。

籠池　園に御臨幸されたというのは誤りです。まだ先々代の森友寛が理事長を務めていた時代ですが、昭和天皇が植樹祭で大阪へいらした時に、森友学園の系列の南港さくら幼稚園の園児が花束を贈呈したことがありました。その時の写真を使ってしまったのです。

その時のことをリアルタイムでは知らない職員が、ＨＰを作成する際に「当園に御臨幸」と書いてしまった。結果的には話を盛ってしまったことになり、申し訳なく思っています。

塚本幼稚園は伊勢神宮や伊丹空港へ御皇族の方々がいらっしゃった際の奉迎を何度も実施し、園児だけでなく、保護者も参加していました。今上陛下をはじめ、御皇族がいらっしゃる際には、園児たちを中心に奉迎行事に参加し、日の丸の小旗を振っていました。両陛下が園児に近づかれ、お言葉をかけられた場面の写真も見たことがあります。

「神風」発言の罪

小川　皇室崇敬の様々な行事参加などに熱心だった事は保護者の皆さんのインタビューでも伺っています。しかし如何なる理由があれ、昭和天皇がご来園されたというような記載はミスや話を盛ったでは許されません。これは一連のパニック的反応への同情とは区別しておきます。これが保守派には決定的で消し難い不信の種になりました。

とにかく、嘘が一番駄目。特に、理事長が反安倍になってからの昭恵夫人についての発言は言語道断でしょう。証人喚問までの前理事長の言い分は「昭恵さんには何もしてもらっていない」というものだったのに、唐突に昭恵夫人から百万円もらった話が出たかと思うと、証人喚問で芝居のようにその場面を詳細に再現した。以降は、「昭恵氏との写真を出してから話がスーッと進むようになった」などと言い出していますが、事実の経緯とは全く合っていません。

その上前理事長は一度、昭恵夫人のお店に「百万円を返しに来た」といって、一枚目と最後以外は白紙という偽物の札束を持って現れました。そして逮捕前の東京都議会選挙の際、秋葉原の安倍総理の街頭演説にも出向き、「百万円返したい」と報道陣に話したり、ヤジを飛ばした。芝居がかった嘘がこう重なれば言い訳のしようがないでしょう。

編集部　元理事長の手のひらには、セリフが書き込まれていましたよね。

籠池　誰の振り付けであれ、やってしまったことは事実なので、あまりそういう言い方はしたくないんですが、変化球的な言動がアドリブでできる家族ではないんです。街頭演説の場所に行くまでのタクシーには、ＴＢＳのカメラが箱乗りしていました。初めから、「面白い画を撮らせる」という話になっていたのでしょう。

狂騒曲の驚くべき内情

小川　昭和天皇に関するＨＰの記載と二〇一七年三月以降の籠池氏の豹変や嘘の累積とが結びつき、本来、味方だった保守派が「籠池は信用ならない」と強く不信を持つ材料になってしまいました。何度も言いますが、そこは責められても仕方ない。

ただ、それでも私は、塚本幼稚園の素晴らしさや籠池前理事長が本来持っていた志と、パニックの渦に巻き込まれてからの言動は区別すべきだ、といっておきたいですね。

編集部　取り消しが検討された防衛省からの感謝状について、防衛省に推薦した海上自衛隊は、会見で「塚本幼稚園が、遅くとも一九九九年から、護衛艦が入港する際に園児の鼓笛隊が演奏で歓迎したり、東アフリカのソマリア沖アデン湾に海賊対処活動で派遣された護衛艦の乗員に顔や動物などを描いて激励する絵本や貼り絵を贈ったりしていたからだ」と述べています。

たまたま稲田防衛大臣だったから過剰反応を起こしただけで、こういった活動そのものは十分感謝状に値するのではないでしょうか。

籠池　そう言っていただけると、本当にありがたいです。

小川　菅野さんや朝日新聞は、そうした流れのうえに立つ愛国小学校の開校を潰したかったんですよ。一年あまりの狂騒曲でしたが、事の本質は、活動家や弁護士から民団、共産党、朝日新聞までがスクラムを組んだ安倍政権潰しと愛国幼稚園潰しの組織戦だったといってよいでしょう。

籠池が全部悪かったんだ——保守派は、こうした単純な籠池悪玉論に乗ってこの事件を片付けてはなりません。韓国で朴槿恵政権が倒され、「革命」が進行しているのと同じような形で、今後日本に仕掛けられてくる類似の政変の予行演習と見做して、検証と対策を十二分に練るべきです。

二、「安倍昭恵叩き」とメディアの異常

重大事を論じない質疑で集中砲火

昭恵夫人バッシング現象――。

森友学園騒動に端を発した安倍昭恵氏への個人攻撃の凄まじさは総理夫人としての立場を考慮に入れても尋常ではなかった。

同じ頃、韓国では国民の多数がテレビと連動して朴槿恵叩きに熱狂し、遂に朴槿恵政権は倒されたが、わが国では国民は冷静なのに、テレビのなかだけで異常な昭恵いじめが罷《まか》り通り、連日連夜誹謗と罵倒の嵐が吹き荒れた。まるでテレビマスコミだけが日本人の常識的感覚と程遠い「別の国」の有様を呈していると感じたのは私だけだろうか。

平成二十九（二〇一七）年二月二十一日、テレビ東京「ゆうがたサテライト」が「独自初公開・総理夫人が名誉校長になるまで」と題し、平成二十七年九月に森友学園が経営する塚本幼稚園で講演する昭恵夫人の様子を詳細に放送したのが、バッシングの狼煙となった。

昭恵氏は挨拶の中で「籠池園長・副園長の本当に熱い熱い思いを何度も聞かせていただいて、この瑞穂の國記念小學院で何か私もお役に立てればいいなと」と発言している。

祝辞として当然の発言だが、これがあたかも何らかの意味で便宜を図るような発言に曲解されてゆく。

　また、昭恵氏は「ここから普通の公立の学校に行くと普通の公立の学校の教育を受ける。せっかくここ（塚本幼稚園）で芯ができたものが、また（公立の）学校に入った途端に揺らいでしまう」とも発言している。事実、塚本幼稚園の躾《しつけ》や愛国の教育方針は父兄、父兄ＯＢの間でも評価が高い。その父兄の前で挨拶をする時に、こうした発言が出るのは当然だろう。

　ところが、昭恵夫人のたったこれだけの発言を素材に、この後、バッシングの猛威が実に三カ月にわたって吹き荒れたのである。

　注目すべきは、今引用したこれらの昭恵氏のごく短い発言だけがこの後、数限りなく報道され続けたことだ。逆に言えば、昭恵バッシングの素材は実はこの最初の報道の中にしかなかった。それで嵐のような非難が三カ月にわたって続くことになるのである。

　塚本幼稚園の保守的な教育方針――教育勅語の暗記など――が槍玉《やりだま》にあがり、異様に戯画化されたバッシングが続き、夫人が名誉校長である事そのものがあたかも不見識であるかにように報じられた。その上、籠池理事長夫妻の特異なキャラクターと名誉校長である昭恵夫人のユニークな総理夫人としての在り方がないまぜになり、両者が深い関係にあるかのような虚偽の報道が続いた。

　常識的に言って、仮に教育理念に共鳴したからといって、一学校法人の行政上の許認可に、総理大臣夫妻が何らかの形で影響を与えるなど、いまの日本の行政システム上あり得ない。学校の許認可は幾つもの行政機関と民間委員の審議を経なければならないからだ。野党もマスコミも、そんなことは百も承知で騒ぎ立てたのに違いない。

悪質というのを通り越して恐怖を覚える程の確信犯ぶりである。中でも、又しても……と言うべきか、朝日新聞の「昭恵叩き」の執拗さは尋常ではなかった。

何らの行政介入の証拠もなく、まして犯罪とも疑惑とも無縁である昭恵氏の名前を、朝日新聞は、平成二十九年二月二十四日から同年十二月一日までに、実に八十件も「見出し」に使っている。その後、平成三十年年頭から四月十三日までの間も「昭恵」を含む見出しは十八件、うち四件で籠池夫妻との写真をカラーで掲載した。「常軌を逸している」という言葉でも追い付かない。ここまで執拗に一個人を「見出し」で指弾し続けるなど、どんな重大犯罪者に対してさえ、前例がないのではあるまいか。

更に、昭恵叩きが異様だったのは、国会での集中砲火だ。夫人が森友学園の名誉校長だったということが理由だが、無理筋が過ぎるというものだろう。ある法人なり個人が、テレビでスキャンダル化したら、まるで連帯責任があるかのように、総理夫人の名誉職まで糾弾されるとなれば、公職者や著名人が何かの名誉職に就くことがいつ社会的制裁の対象となるか知れたものではないことになる。安倍総理を攻めあぐねて、妻の名誉職を攻撃するというのは、日本人の良識からも国会の機能の点からも逸脱の度が過ぎる。

総理夫人はファジーな存在

ただし、その過程で出てきた「総理夫人は公人か私人か」という論争については、実は案外奥行きある問題だと私は考えている。

事は、国会における共産党の小池晃氏と総理の間での応酬から始まった。

小池氏「以前から、昭恵首相夫人が籠池泰典氏を知っていたのか。首相夫人はいつからの知り合いで、何度会っているか」

安倍総理「私は公人だが、妻は私人だ。妻がいつ知ったかは承知していない」

小池氏「すぐに分からないなら、明日また質問するので、お家に帰ってお話ししていただきたい。首相夫人だから明らかに公人だ」

言うまでもなく、総理夫人は行政の長の妻に過ぎず、権限者という意味では私人に決まっている。ここで小池氏が夫人を公人として追及するのは、先ほど来指摘するように無理筋である。

しかし、そういう意味での公人ではなくとも、首相夫人の公的な性格は当然ながら強い。国賓で迎えられれば夫婦で外国を訪問し、礼遇される。宮中晩餐会など最重要の公的行事にも夫婦で出席する。権限はないが社会的な権威や箔《はく》にはなるし、あらゆる人々がその箔に寄ってくる。時や場合に応じて異なるが、公的な性格を帯びた私人だといってよかろう。その意味で、多分にファジーな存在であり、だからこそどう振る舞うかに選択の余地の大きい存在だと言える。

そのなかで、昭恵夫人が総理大臣夫人として破格にユニークな存在であることは、周知の事実だろう。Ｆａｃｅｂｏｏｋでは、総理夫人としては異例な人たちとの出会いや赤裸々《せきらら》な心の内、喜びや悩み、傷心が正直に綴られてきた。

極左運動家の三宅洋平氏と一緒に酒を酌み交わし、その場で安倍総理に電話をして三宅氏につなぎ、三宅氏と一緒に沖縄の反基地集会に出て、かえって三宅氏が安倍氏に籠絡《ろうらく》されたかのように極左たちから非難されたこともあった。

長谷川博史氏のＮＰＯ法人「日本ＨＩＶ陽性者ネットワーク・ジャンププラス」が主催するゲイパレードに参加したこともあった。茂木健一郎氏のように過激な反安倍著名人との交流もある。街頭でも「安倍政治を許さない」というゼッケンをつけている人や、路上生活者らに自分から近寄って話を交わす。

昭恵夫人が開けた風穴

当然、賛否はあるに違いない。が、脇が甘いという言い方は相応《ふさわ》しくないだろう。用心が足りないのではなく、進んで全く用心しない総理夫人のあり方を選んでいるというべきだろう。

こうした昭恵さんの総理夫人像は、実は保守派や安倍総理の支持者の間で、むしろ批判する声が強い。それはそれで理解できるが、私は基本的に高く評価する側にいる。

いまの日本は、コンプライアンスが重視されすぎ、窒息的な状況に陥っている。役所は僅かの融通さえ利かず、企業は利益や公益よりコンプライアンスに恐怖し、まるで法令と建前の前に日本社会全部が這いつくばっているような有り様だ。

個人情報保護法をはじめ、様々な「個人保護」を法律で強制した結果、個人が保護されるどころか、手続きの煩雑《はんざつ》さに、社会が疲弊している馬鹿げた状態でもある。

その背後には、左翼がまき散らしてきた社会思潮が伏在する。公的な立場の人間や企業が、保守的、愛国的、個人より公益的、強者優位的、男性優位的発言をすれば、マスコミはその人を破滅に追い込もうとする。人権という独裁者が社会を仕切り、人間関係はすぐに被害と加害の関係に置き換えられる。ところが、社会が過度に人権を守ろうとすれば、個人は実際には法令の直接の束縛を受け、人生は行政をはじめとする公権力や、社会通念の圧力に直接さらされることになるのである。今や皆が何らかの社会的圧力に、内心びくびくしながら言動している始末である。

その一方で、マスコミだけは、虚報、捏造で社会を混乱させ、政権を攻撃し、関係した人の人生を幾ら狂わせても、何の責任も取らない。

政治的にも左右の分断が進み、過激な言葉で互いを非難罵倒する事ばかりが目に付く。

こうして硬直と暴力が連鎖する陰湿な社会に、日本はいつの間にか陥ってしまった。

昭恵夫人のあり方は、実はそうした社会的硬直への風穴となってきたのではなかったか。言うまでもなく、安倍総理は保守を代表する政治家であり、統治機構の頂点にある。だからこそ昭恵夫人は、そうした安倍総理自身や権力機構、また保守の理念が見落としている世界、忌避《きひ》する世界、敵視する世界と進んで交流したいと考えたに違いない。限界的な窒息状態にありながら、いったん何かあれば他者をとことん攻撃する病理的な社会のなかで、それぞれの砦《とりで》に閉じこもらず、異質な者が人間的な信頼で繋がり合おう、首相夫人だからこそ、そうした試みにインパクトがあり得るはずだ——昭恵夫人の「志」は、およそそう要約できるだろう。

一言で言えば、昭恵夫人は現代の女性版水戸黄門なのである。

美しく貴重な試みだ。

公人か私人か、というよりも遥かに大胆な越境の試み……。

が、人間の情念は底知れず暗く、夫人の純粋さに見合うような美しい人間性は稀《まれ》である。

三宅氏の仲間である山本太郎参議院議員が、森友学園の問題を「アッキード事件」と巨大疑獄事件に喩《たと》えて誹謗《ひぼう》してみせたのを見れば、昭恵夫人が人間的共感を探ってきた人たちの側の、根本的な非人間性は明らかなのではないか。

そういえば、夫人が危険や非難も顧みずに交流したレフトウイングやアウトローの誰か一人でも、夫人への不当なバッシングに対して立ち上がった者はいたのか。

いや、実は、昭恵氏が心底からの善意で越境を試みてきた事を、誰よりも毛嫌いしてきたのは、昭恵氏が接近しようとした反安倍、極左陣営の首脳陣、首謀者たちだったのではなかったか。

昭恵氏の試みは、政策論争抜きで「安倍政治を許さない」と憎悪を煽ってきた左派、反安倍側にとっては、最も目障りで邪魔だった。彼女が反安倍側のキーパーソンたちと人間的な共感で繋がり、安倍政治が拾えないできた声を拾えば、安倍氏を潰そうとする勢力にとっては、世論を糾《きゅう》合《ごう》する大きな手掛かりを失う事になるからだ。

そう考えると、余りにも執拗だった「昭恵叩き」現象は、単なるメディアによる魔女狩りを越え、昭恵氏の特異な政治的効果そのものを潰そうという強い政治的目的を持った人間たちが、意図的に増幅した可能性が高いのではないか。

昭恵氏が対話的である事そのものが、彼らにとって最も危険であり、邪魔な事なのである。彼女が愛されるキャラクターとして国民間に定着してしまうことは、政治的な意味で、是非とも潰されねばならぬ状況だったのである。

私たちは今、あらゆる局面で対話の可能性を遮断されつつ、それぞれに閉鎖的な政治的役割を担わされている。

思えば、私自身もそうである。第一章で取り上げた朝日新聞、第五章で取り上げる新潮社に限らず、私は、私を誹謗する人達にこそ対話を呼びかけてきたが、応じた者は殆どいない。そうした「自由」と「対話」の関係を断ち切りあう事が「自由社会」を敵意に満ちた、脆弱なものにしてゆくのであるというのに……。

その意味で、私は昭恵氏の総理夫人としての立ち居振る舞いを、単なる天衣無縫な気紛れとは思っていない。

昭恵バッシングが安倍政権のアキレス腱になりかねない以上、首相官邸や自民党が昭恵氏の言動に制限を掛けるのは致し方ない。だが、日本社会、特に保守層が、昭恵氏の試みの意図を理解しようとしなかった事は残念だ。昭恵氏の打ち出した総理夫人像を力強く擁護する声が、あの非難の嵐の中で起きなかったことは、日本の自由の脆さを象徴する事だったと私は思う。

三、マスコミに「洗脳の自由」はない

原理的な危険と病理

森友・加計事件は、安倍疑惑ではなく、朝日新聞の報道犯罪だ。私は再三そう主張してきたが、

それは何も一新聞社を攻撃したいがためではない。朝日新聞が仕掛け、主流マスコミが便乗したこの事件全体の構造に、日本社会を根本から破壊する恐ろしい匂いが立ち込めているからである。

主権者の代表たる政権が、一切の物証、証言、合理的な不正の証拠なしに一年半、社会的弾劾を受け続けた。これは一言で言えば、私たちの社会を守り、一人一人が節度ある自由を謳歌できる条件である「常識」の破壊だったと言う他にない。それにもかかわらず、「常識」の破壊が、自由社会にとってどんなに危険な事なのかを指摘する声が左右共に、言論界から全く出なかったこうした全てが日本の内なる崩壊の兆候だと信じるが故に、私は朝日新聞を告発し続けているのだ。

日本は洗脳や捏造、魔女狩りを許容する事実上の情治社会、声の大きな者が制する人治社会に転落した。

自由は、それを犯す敵を厳しく排除することによってしか守れない。そして、捏造、洗脳、魔女狩りこそは自由の根底的な毀損なのである。

私は森友・加計騒動において、朝日新聞とそれに追随するテレビメディアを批判してきたが、むしろここにきて、彼らが作る土俵の異常性を告発せずに、その土俵の上に乗って延々と議論に加担した有識者、論客多数への怒りと絶望を表明せざるを得ない。設定された土俵の異常性を指摘できない知的脆弱《ぜいじゃく》が、独裁や全体主義やファシズムへと社会を雪崩の如く押し流すのである。

処方は緊急を要する。まだ雑駁《ざっぱく》な話しかできないが、基本的な私見を以下に記し、読者の参考に供したい。

マスコミの「言論の責務」

マスコミに言論の自由などない。

このことの確認から議論を始めたい。

こう書けば、大政翼賛会、全体主義者、安倍政権を批判する者をパージするのか、民主主義の否定……などというレッテルを貼られるのは承知している。

だが、腹を据《す》えてここをきちんと言える社会にすることから始めないと、日本社会総体の自由が、マスコミの虚言、魔女狩りによって、損なわれ続ける。

もう一度言う。

マスコミに言論の自由はない。

では、マスコミにあるのは何か。

言論の責務である。

マスコミに所属する記者、論説委員個々の言論の自由は当然死守されねばならない。個々のオピニオンは署名責任をもって各自が発言し、私ども通例の物書きが発言の自由と引き換えに社会的責務を引き受けているように、署名者が自由と責務を同時に引き受ければいいだけのことだ。

しかし、ではたとえば朝日新聞の「見出し」、産経新聞の「見出し」は、一体誰の「言論」であって、その「自由」は誰が責任を持つのか。報道ステーションのコメンテーターの発言は、彼個人の発言だとしよう。だが、全体の構成、字幕、ニュースの切り取りは、誰の「言論」で、構成や字幕の「自由」に対する「責任」は、誰がどう取るのか。

マスコミという媒体の最大の問題は、見出しや字幕、構成など、責任所在の全く不明な部分の「言論」ほど、世論に巨大な影響を与える点である。見出しや構成による印象は、再三の繰り返しで完全に洗脳的に機能する。

根拠を訊かれたら誰も答えられないが、森友・加計の件では安倍夫妻を何となく怪《け》しからんと思っている国民が、いまの日本には五千万人以上はいるであろう。

根拠に基づく、知的に精査された情報による輿論ではない。「責任」の所在の不明なまま繰り返された「印象操作」による「洗脳」の結果である。「言論の自由」と「洗脳の自由」の線引きはどうすればいいのか。

デモクラシーにおいて、主権者たる国民の政治判断こそは最も権威ある最終結論だが、その素材となる情報提供者が「洗脳の自由」を謳歌《おうか》し、逆に彼らの政治勢力やイデオロギー上不都合な事実を「報道しない自由」を謳歌している現在、その事態を告発する有識者・言論人さえわずかしかいない有り様で、デモクラシーの正統性は担保されていると言えるのか。

「洗脳の自由」を謳歌する者が、事実上、主権者の決定能力を簒奪《さんだつ》しているというべきではないのか。

最大の敵はマスコミ

「言論の自由」とはそもそも何か。近代イデオロギーにおいて言論の自由が重視されるのは、なぜか。

生命、財産と並び、「言論」こそが人間としてのレゾンデートルであるとともに、社会正義を実現するうえで、「事実」の告知と自由な「意見」の発表による「言論」が必要不可欠だからに他ならない。

言うまでもなく、言論の自由が保障するのは、「嘘」や「洗脳」ではない。

教科書どおりに言えば、こうした言論の自由は不断の努力、それを蹂躙《じゅうりん》しようとする圧力を絶えず跳ね返し、防ぐことによってしか守り抜くことはできない。事実、近隣の中国、北朝鮮、ロシアは、言論の自由が制約された社会である。そういう社会での自由な言論はしばしば拷問、死につながる。

逆に言えば、そうした近隣諸国の専制と弾圧が日本社会に流入するのを、我々は強い決意で防がねばならない。日本が言論の自由を失うことなどあり得ないという根拠のない自信ほど、言論の自由を確保し続けるうえで邪魔な臆断《おくだん》はない。そして、言論の自由を制限するのが「政権」だけだという根拠のない決め付けも。

事実、いま日本の言論の自由の敵は、政権や霞が関ではない。総務省や文科省が、言論に圧力をかけている形跡はない。政権が反安倍言説を封じ込めた話も聞いたことがない。

安倍夫妻のバッシングは深刻な人権侵害のレベルに達しているが、快を貪《むさぼ》るように安倍叩きが多くのメディアや言説で続いた。ここまで総理夫妻の人権を守れない政権に、言論の自由を制約するパワーがあるとは到底信じられない。

その意味で、現在の日本で、自由社会最大の敵は、政治権力ではなく、責任を負う意思も能力も制度もないマスコミという、巨大な政治的影響力だと言っていい。

法的、社会的制限がなく、自制する良識がないまま、洗脳による政治的影響力を行使しているマスコミは、本来、「言論の自由」が目指していたはずの社会正義の実現を妨げる、いまや最大の要素となってしまっているからである。

「事実」を隠蔽し、別のストーリーを「捏造」し、臆面もなく開き直り、「魔女狩り」に雄叫《おたけ》びを上げ、自分たちが批判されれば弾圧だ、誹謗中傷だと喚く。彼らの「言論の自由」を担保することで殺され続けているのは、まさに「社会正義」そのものである。

だから、あえて私は言う、マスコミには言論の自由はない、「社会正義の実現」という目標を達成する責務――職責があるだけだ、と。

「事実」と「意見」

では、マスコミの責務とは何か。

マスコミとは、様々な「事実」と「意見」を載せる媒体である。

「媒体」としてそこに載せる「事実」と「意見」の妥当性に対する責任の所在を明確にし、妥当性がなければ社会的な断罪を甘んじて受ける良心と制度を担保することこそが、マスコミの責務に他ならない。「事実」が妥当なバランスと質量で伝達され、「意見」の多様性と専門性を確保し、多様な専門家に発言の機会を与えているか否かが、責務の基本である。

トヨタや日産には車を製造する自由があり、売る自由がある。様々な車のデザインを創り出す自由がある。販売代理店を日本で展開する自由がある。しかし、運転すると爆発する車を作る自由はない。ハンドルが回らない車を作る自由もない。言うまでもないことである。

我々の人間社会は、わざわざ言語化したり、ましてや法律にしない様々な無数の常識――共通了解――で成り立っている。「運転すると爆発する車」をトヨタや日産が作らないのは、法規制があるからではない。車は乗っている人を爆殺する道具ではなく、速やかに移動するための道具である。ハンドルはオブジェではなく、車の方向を変える道具である。だからそんなことを問題にもせず、契約書にも法律にも書きこまない。

日本人の常識では、大手マスコミが記事を捏造したり、極端な印象操作を繰り返して、国民を誤誘導するということは想定されていない。

しかし、『徹底検証「森友・加計事件」――朝日新聞による戦後最大級の報道犯罪』で論証したように、朝日新聞と、それに追従した他の主流マスコミは、恒常的に、しかも業界横断的に政変レベルの「虚報」を続けたのである。

マスコミは嘘をつかないという常識が完全に裏切られていることを、国民に知らせるそのマイク自体を、彼らが占拠している。マイクを嘘つき集団が独占してしまっている。それならば、強制的にマイクを取り上げるか、嘘をやめさせるかしかない。理屈上、他の手段がないのだから、言論の自由を守るために、このマイクを独占している嘘つきと戦う以外、私たち日本人には、いま、道はない。

統計調査機関が必要

むろん、言論は車に較《くら》べても、責務を明確にするのが難しい。「事実」と「捏造」を法的制裁で切り分けるのは、「爆発する車」を禁じるのとは較ぶべくもない難事だ。

だからこそ、言論においては自責、自制、自浄の良識と高潔さが求められ、市場の「信用」という原理による淘汰が本来はふさわしいのである。

だが、ここまでの捏造や虚報、魔女狩りを自制も修正もしないマスコミ当事者に、最早良識と自浄は期待できない。そうである以上、「見出し」「事実報道」「印象操作」「繰り返しによる輿論誘導」などについて、まず、国民的負託を受けた客観的な統計調査機関を立ち上げるなどして、現状の統計的把握、問題点の把握と国民への周知は急務であろう。

マスコミの正常化を非力な民間ではできない。言論と並び、信用毀損が社会に致命傷を与える金融に関しては、自由主義市場であるにもかかわらず、金融庁の厳しい監督がある。

言論の信用毀損について、同じく国の機関にすべきか、政権と完全に切り離された機関において中立性を確保すべきかは議論の余地があるが、どちらにせよ監督機関の設置は不可欠だ。

安倍政権は、逆に放送の政治的中立や事実に則《のっと》って報道するなどを定めた放送法四条の撤廃と電波の自由化を提唱しているが、私は無原則なままの自由化には反対である。メディアの自由競争化は先進国規準だが、日本のメディアや有識者は、残念ながら後進国水準であり、自由に伴う責務、自由を守るための戦いを全く理解していない。

自由競争の原理を導入すれば、中国、北朝鮮、ロシアをはじめ、あらゆる工作意図によって、日本のメディアは今以上に壊滅的な混乱を呈するに違いない。

日本が昭和までの長きにわたる輝ける文明から、平成年間を通じて文化的後進国へと急激に後退してしまったことを自覚し、受け入れるところからしか、言論の自由の再建は不可能だというのが、森友・加計事件という愚劣な騒動を止め得なかった非力な一言論人としての、私の率直な結論である。

第三章

デモクラシーを破壊する危険な政治家たち

一・加計学園問題の〝主犯〟は石破茂

行政を「歪めた」のは誰か

まずは次の文章をご覧いただきたい。

〈昨日藏内《くらうち》会長とともに石破茂地方創生大臣と2時間に渡り意見交換する機会を得た。その際、**大臣から、今回の成長戦略に於ける大学学部の新設の条件については大変苦慮したが、練りに練って、誰がどのような形でも参入が困難な文言にした**旨お聞きした〉

これは、日本獣医師会平成二十七（二〇一五）年度第四回理事会の公式な「議事録」の一節である。

発言者は、北村直人日本獣医師政治連盟委員長。

元自民党衆議院議員で、石破茂氏とは親密な「お友達」である。

石破氏は、安倍政権が加計学園の獣医学部新設騒動で支持率を急落させた平成二十九年七月頃から、マスコミでにわかに安倍批判を繰り返し始めた。

見るに堪えぬ醜態だったと言える。

石破氏こそが、この問題で重要かつ相当悪質な立ち回りを演じていたことが明らかだからである。

石破氏はいわゆる農水族の族議員であり、平成二十四（二〇一二）年には日本獣医師政治連盟から百万円の献金を受け取っている。

この議事録当時、石破氏は安倍内閣の地方創生担当大臣だったが、北村氏の発言を見ると、石破氏は規制突破の先頭に立つべき立場だったにもかかわらず、「岩盤規制をドリルでこじ開ける」安倍総理の政治意図を陰で密かに裏切り、業界団体の「ご意向」のまま、「岩盤強化」をする側に回っていた——議事録はそうとしか読めない。

これは、石破氏の内閣＝国民の負託への背信ではないのか。そしてまた、業界保護のために「行政を歪《ゆが》めた」ことにはならないのか。

何しろ、北村氏の議事録発言によれば、石破氏の尽力で、獣医学部の新設、新規参入は「誰がどのような形でも現実的には参入は困難」になったというのである。これは合理性があろうと必要があろうと、新規参入だけは絶対許すまじという業界利権墨守《ぼくしゅ》の勝利宣言に他ならない。

規制緩和を推進する石破大臣本来の役割とは正反対の方向への「尽力」だったという他なかろう。

練りに練った四条件

実はこの理事会に先立つ平成二十七（二〇一五）年の六月三十日、いわゆる石破四条件が閣議決定されている。『「日本再興戦略」改定2015——未来への投資・生産性革命——』と題された三十九頁に及ぶ戦略立案に含まれた「獣医師養成系大学・学部の新設に関する検討」と題する一節がそれに当たる。

〈①現在の提案主体による既存の獣医師要請でない構想が具体化し、②ライフサイエンスなどの獣医師が新たに対応すべき分野における具体的な需要が明らかになり、かつ、③既存の大学・学部では対応が困難な場合には、④近年の獣医師の需要の動向も考慮しつつ、全国的見地から本年度内に検討を行う〉

文章内の数字は私が便宜上挿入したものだが、たしかに四つの条件が付されている。これこそが獣医師会の働きかけに応じて石破大臣が「尽力」し、「練りに練って、誰がどのような形でも参入が困難」に作りあげた「文言」に他ならない。幾重もの壁を重ねて、どのような方向からでも言いがかりを付け、新規参入を拒む口実を作れるようにできている。

因果関係は明らかだ。この閣議決定直前、平成二十七年六月二十二日の同会第二回理事会においても、学部新設を巡る生々しい政治的攻防を証拠付ける発言が散見されるからである。まず、同じく北村氏の発言から。

〈石破大臣はライフサイエンスなどは獣医師が新たに対応すべき分野なのか、その需要があるのか、これら基礎データが示されなければ検討できないとしている。しかし、新設希望側は、5〜10年間の計画でデータを作り上げる事も視野に置きながら、藏内会長は麻生大臣、下村大臣に、**私は石破大臣と折衝をし、一つ大きな壁を作って頂いている状況である。**（中略）この3つの壁を突き崩すよう論議が展開される事も想定され気が抜けない状況である。藏内会長も私も進退をかけるぐらいの覚悟を持っている〉

驚くべき議事録の中身

新設希望側が「データ」を作り上げたら、その時も新たに阻むつもりで「大きな壁を作って頂いている」――つまり、どんなデータがあり、ニーズがあっても、新規参入は認めないという発言に他ならない。藏内会長とは日本獣医師会の藏内勇夫《いさお》会長のことだが、その藏内氏からも補足説明があった。

〈北村委員長の説明の通り極めて厳しい攻防が連日続いている。そこに北村委員長の努力により、石破大臣等からいくつかの規制が掛けられた〉

そして、結論ありきの言葉で発言は締め括《くく》られる。

〈新規参入に対して、我々が大きく反対を表明すると、政治力を使って獣医師に対する悪い風評を流し、獣医師会を悪者にすることも考える必要がある。その為大学関係者がしっかりと大学での教育は充足しているので、新設には反対する等を明確に表明するとともに、獣医学関係者が獣医師の需給は十分足りていること、例えば獣医師が地方公務員を志向しないことは処遇の問題である等を訴えかけることが重要である〉

以上の発言は、「総理のご意向」などという、誰が書いたかも特定できない役人の部署内メモとはわけが違う。獣医師会の会長と、日本獣医師政治連盟委員長の発言を記録した正式な議事録なのである。

この一連の発言が示しているのは、獣医師のあり方に関する理念の追求や合理性や柔軟性とは無縁の、新設に絶対反対の姿勢を貫く業界団体のボスの姿である。実は、加計問題の本質は、安倍氏と加計孝太郎氏の友人関係などには全くない。岩盤規制をこじ開けようとする安倍政権と既得権益を死守したい獣医師会の裏で動いた石破氏との政治闘争だったのである。

安倍総理が無関与な証拠

論点は二つしかない。

ひとつは、いうまでもなく、獣医師会による参入拒否が妥当なのか、それとも新規増員を主張する側のほうが正しいのかである。

もう一つの問いは、安倍総理大臣がこの新規参入にどこまで関与していたのかである。が、状況証拠からも制度上からも、安倍氏はほぼ確実にこの件には関与していないし、事実、関与できない。

もっとも、これも最初に断りから入りたい。仮に総理が強い意向を持っていたとして何が悪いのか。

今回の加計騒動が、無法な報道で安倍スキャンダル化を呈するまで、安倍政権は四年半にわたり、実に支持率五〇%から六五%を維持し続けた。戦後最も国民の信頼を勝ち得てきた内閣だ。その総理が、仮に業界団体の頑《かたく》なな既得権益死守に対し、強い姿勢で規制突破を意図したとして何が問題だろうか。

ところが実際には、安倍総理自身は総論としての規制突破は主導していても、獣医学部新設に関する政治攻防や石破氏による四条件、「お友達」とされる加計氏の新規参入を巡る動向の細目などは、知らなかったに違いないのである。

状況証拠がある。

先ほど来、石破四条件が閣議決定されたと書いてきたが、そもそも、もし加計氏という「お友達」に便宜を図るために総理が目を光らせていたとすれば、この石破氏による岩盤強化の文言を見逃すはずがないではないか。

加計学園の獣医学部新設のための行政への働きかけは平成十九（二〇〇七）年からで、申請は十五回も却下されてきた。総理が「お友達」の事業を個別具体的に応援する気があったなら、あとから文科省に「総理のご意向」を無理強《むりじ》いする前に、石破四条件に待ったをかけなければ筋が通るまい。

が、もちろん、安倍氏はそんなことはしなかった。

事案の細目や経緯を全く知らなかったからだ。

石破氏の背信行為

そのことをさらに傍証するのは、近年反安倍色を強める一方の『週刊文春』の記事である。

〈当初は加計問題を楽観視していた安倍首相。四月の時点では余裕の表情で、「森友（学園の国有地売却問題）より楽。手続きは問題ない。俺も自信を持っている。もしかしてと思って一度『加計さん隠し事してない？』とつついてみたけど、こんなのパンと説明したら皆すぐ分るよと言っていた」などと語っていた（『週刊文春』平成二十九年六月二十二日号）〉

語るに落ちるとはこのことであろう。

これがもし産経新聞や読売新聞など、安倍氏に近いとされるマスコミから出たなら示し合わせの可能性もあるだろうが、この安倍氏の発言を出したのは、安倍叩きの急先鋒《きゅうせんぽう》である『週刊文春』なのである。

実際、安倍氏が事態を楽観していたのは事実だ。私もその頃安倍氏と話した時、やはり「加計は大丈夫。多年の友人というだけで何もないんだから」と聞き、「しかし、会ったことさえない籠池氏でこれだけやられたのに、本当に大丈夫かなあ」と感じたのを覚えている。

平成三十年四月の段階で安倍氏が全く警戒していなかったことは、『週刊文春』や私のみならず、多くの証人がある。端的に言えば、安倍氏には「ご意向」はおろか、何ら思い当たるところがなかったということである。

すると、どういうことになるか。

この加計問題では「安倍官邸が行政を歪めた」という主張が執拗になされたが、むしろ石破茂氏こそが行政を歪めたのではないのか。

規制緩和を求める内閣府と、獣医師会の圧力で規制を死守したい文科省の現場担当職員たちの激しい攻防の中に、内閣府側の所管大臣であるにもかかわらず、規制強化の文言を閣議決定につけ加えた。これこそは、大物政治家の立場を利用して「行政を歪めた」典型的な事例に他ならないのではないのか。

メディアの「放火」

ところが、この獣医学部新設を巡る役所間の闘争と石破氏や業界が暗躍しての政治闘争が、本来その実態を与《あずか》り知らなかった安倍総理の「疑惑」に置き換えられたまま国民的印象として定着してしまったのは、周知のとおりである。

安倍氏は政権ぐるみで、「お友達」の学園への便宜のために文科省に不当な圧力をかけて獣医学部新設のために「行政を歪めた」――多くの国民は、漠然とこうしたストーリーを頭に叩き込まれた。「深まる疑惑、逃げる政権」とか、「政府、苦しい説明」とか、「安倍首相、強弁」などという印象操作が無限に続いた。

「火のない所に煙は立たない」と言う俚諺《りげん》がある。如何にも正直が身上の日本らしい俚諺だ。が、火のない所にもいくらでも煙は立つのである。放火すればいいからだ。放火をして火事だと騒げばいいのである。「放火の自由」を認めてしまえば、いくらでも火のない所から煙を出せる。

そして、いまや日本では権威あるはずの大手メディアこそが、言論の自由と放火の自由を取り違えている。

無視される不都合な真実

それだけではない。大手メディアは、「現状では獣医は要らないのに、安倍官邸の圧力で不要な獣医学部を新設しようとしている」という筋書きに従っているが、これは虚偽である。

〈犬猫牛豚をはじめ国内の動物の数は年々減っており、獣医師の供給が不足している実態がないと言います。そんな状況で新たな獣医学部を新設すればどうなるのでしょうか。私学でも勿論助成金が出ます。その原資は国民の税金です。さして必要ではない獣医学部を新設し、税金を無駄遣いするようなことがあっては国民の皆様に説明がつきません。ですから一義的には農水省が獣医師がもっと必要だというデータを示す事が必要です（月刊『文藝春秋』七月号「前川喜平前文科事務次官手記　わが告発は役人の矜持だ」九十七ページ）〉

どのメディアも、基本的にこの論理を前提としていた。

が、本当に獣医は足りており、獣医学部は必要ないのか。半世紀以上も獣医学部新設がないのは、昭和五十（一九七五）年および平成十五（二〇〇三）年の文部省告示によるが、告示一つで一件も新設がないというのは異常な話だろう。

七月十日の国会閉会中審査会における青山繁晴委員と加戸守行《かとももりゆき》前愛媛県知事（元文部省大臣官房長）の質疑を見れば、その異常性の一端が理解できる。

加戸氏は言う。

〈愛媛県知事時代に一番苦労しましたのは、鳥インフルエンザあるいは口蹄疫《こうていえき》の四国への上陸の阻止、あるいはＢＳＥの問題の日本への波及の阻止、いうなれば四国という小さな島ではありますけれど、こういった感染症対策として一番防御が可能な地域という意識もございましたし、そしてアメリカがこの問題で狂牛病の体験を受けて、先端きって国策として、これからはライフサイエンスと感染症対策をベースとした獣医学の教育の充実ということで、大幅な入学者の増加、そして３つの獣医科学大学の新設という形で懸命に取り組んでいる姿を見ながら、何と日本は関心を持って頂けない国なんだと（思っていました）〉

しかも、獣医学部の定員数には、東西での極端な偏差がある。加戸氏の証言によれば、入学定員の八割が東日本に偏り、西日本には二割の入学定員しかなく、四国は実際に獣医師が確保できていないという状況が続いている。

このことは、獣医師会さえ認識している。

〈現在、獣医師就業状況で大きな問題となっているのは、職域偏在と地域偏在の存在であり、これらを解決するには公務員獣医師の処遇改善が不可欠であります〉（平成二十六年二月二十日「春夏秋冬」・日本獣医師会ＨＰより）

藏内会長のエッセー「春夏秋冬」の一節だ。要するに、獣医師会は事態を認識していながら、公務員待遇の改善の要求に話を置き換え、現状改善の最善の方法と思われる学部新設を回避してきたのである。

半世紀の間に、ペットは増加し続け、一方で、加戸氏が証言するように海外からの疫病も深刻化している。更に、バイオテクノロジーの研究という最も先進的な分野に人材を投入する上でも、獣医学部の競争力強化はどう考えても不可欠だろう。

それを拒み続けた獣医師会と、それに加担した石破氏の罪は重い。

彼らは獣医学部新設という日本の国力に関する重要なテーマを、業界の私欲によって利権化してきたのである。

更にたちが悪いのは、石破氏サイドが、マスコミによる安倍疑惑を安倍氏を倒す材料として、明らかに利用しようとした事である。

加計問題を安倍潰しに利用しようとした石破氏

冒頭、問題発言を紹介した北村直人氏は、その後の週刊誌インタビューで、自分が石破氏と共謀して作り上げた四条件について、次のような驚くべき発言をしているのである。

〈「今治市が繰り返し特区申請を出していた15年当時、国家戦略特区担当大臣は石破（茂）氏でしたが、彼は『（特区認定のための）条件に照らすと、新設はちょっと認められないな』と言っていたし、私も『これでは天の声でも降って来ない限り、無理だろう』と考えていました。

それが昨年、担当大臣が安倍総理に近い山本幸三氏に替わった途端に、加計学園だけに獣医学

部新設が認められる流れができた。安倍総理の強い影響力が働いているとしか考えられません」（『週刊現代』六月六日号）〉

何と北村氏は、加計問題が安倍スキャンダル化しているのをいいことに、自分が石破氏を口説いて作らせた「条件」をまるで他人事のように語り、問題を安倍氏の圧力に置き換える証言を積極的に行っているのである。

その上、石破氏の同時期の発言も、北村氏のこうした発信と呼応している。北村氏の週刊誌での発言の一カ月後、六月二十七日収録のイシバチャンネル（76弾）で、氏は石破四条件について、次のように語っているのである。

第一の条件としては「たとえば感染症対策とか生物化学兵器対策とか」「新しいニーズにこたえるもの」として、「アメリカとかイギリスでは獣医の軍人がいる。軍馬だけでなく、生物化学兵器に対処するには獣医軍人がいる」。閣議決定した四条件がある以上は、こうした「新しいニーズに対応するだけの教授陣、施設」が必要で、「東大農学部獣医学科や北海道大学農学部獣医学科でもできないことができるのが条件だ」などと具体的な条件を極度に吊り上げ、まるでそれが石破四条件に最初から含意されていたかのように語っている。

まさに氏自身が、「練りに練って、誰がどのような形でも参入が困難な文言にした」成果を自ら存分に味わっているわけなのであろう。

新規参入を不当に阻害する業界団体に加担し、規制改革側の担当大臣だったにもかかわらず総理の目を掠めて四条件を付加、この件が安倍疑惑として燃え広がると、疑惑に便乗して「お友達」の北村氏に総理の圧力を匂わせる発言をさせ、自らは石破四条件を後付けの理屈で飾り立てて規制強化を正当化する――総理総裁候補とは思えない卑劣さに呆れざるを得ない。

石破氏がテレビなどで尤《もっと》もらしい発言を繰り返しているのを見る度《たび》に、私はどういうわけか腹話術を連想する。いかにも尤もらしいが、石破氏自身はどこにいるのだろう？　いかにもとつつと誠実らしくは見える。だが、本来なら石破氏の方が失脚するような行政介入が、偽りの安倍疑惑として喧伝された時、いささかの良心の呵責《かしゃく》も感じずに安倍潰し側に回るような人間が誠実に見えるとしたら、寧《むし》ろ、その方がよほど怖い事ではなかろうか。

石破氏に誠実そうな腹話術を仕込んでいる、本当の主人公がどこかにいるのではないのか？

この人が誠実を売りにすればするほど、私は、その良心の麻痺の裏に隠れているはるかに大きな「虚偽」の方が気にかかるのである。

二、小泉進次郎氏への直言

総裁に直言すべき

小泉さん、あなたの最近の言動には納得しがたいものが多すぎる。

何よりも政治家としての発想と行動が古いと、私は思う。

国民的期待の大きなあなただけに、私としては、ぜひ直接対談して率直に話をしたかったが、編集部によると対談には大変慎重な方とのことなので、直言という形で稿を寄せることにした。ぜひ一読いただければ幸いです。

小泉氏のどこがどう古いのか。

発言から見てみよう。

朝日新聞デジタルの記事によると（平成三十年六月六日配信）、小泉氏は、愛媛県文書に書かれている加計学園理事長と安倍晋三首相の面会を学園側が「なかった」と説明していることについて、「どう考えても、『愛媛県にうそをついた』というのはおかしい。（国会に）特別委員会を立ち上げてほしい」と述べたという。

同日の産経ニュースでは「小泉進次郎氏、独自の動き強める　公職選挙法改正案に異論『国民なめるな！』」という見出しで、「『森友・加計』問題には結論が出せないのに、こういった改正案はしっかり結論を出す党はどうなのか。国民をなめてはいけない！」と発言したことが報じられた。小泉氏は六月十日に青森県で講演した際にも、森友・加計問題などについて「一つのことにおかしいと言えなくなると、だんだん口をつぐむことに慣れてしまう。そうなったら終わりだ」と述べている。

それどころか、平成三十（二〇一八）年三月二十五日の自民党大会では、小泉氏は「権力は絶対腐敗する」と述べたうえで、森友問題について「平成の政治史に残る大きな事件と向き合っている」とまで発言しているのである。

あなたは子供なのか、それとも冗談を言っているのか。

どこが「大きな事件」？

昭和四十一年の「黒い霧事件」では、佐藤栄作首相が綱紀粛正調査会を立ち上げて疑惑解明にあたり、複数の民間企業から当時の金額で合計約一億八千万円の受領、二億七千万円の脱税が発覚している。

昭和五十一年のロッキード事件では、田中角栄首相自身が受託収賄《しゅうわい》五億円の容疑で逮捕され、佐藤孝行《こうこう》運輸政務次官、橋本登美三郎《とみさぶろう》元運輸大臣という大物政治家の逮捕も相次いだ。取り調べを受けたのは、国会議員十七名を含め民間人と官僚など約四百六十名、うち逮捕者は十八名、起訴された者は十六名に及ぶ。

昭和五十三年のダグラス・グラマン事件も五億円の授受を巡る汚職事件で、岸信介・福田赳夫・中曽根康弘氏ら総理経験者に不正資金が渡ったことが告発され、この売買を担当した日商岩井の海部《かいふ》八郎副社長他、関係者二名が逮捕されている。

「政治史に残る大きな事件」というのはこのようなものを指すのであって、地方の小学校の建設や獣医学部の許認可に関して、総理や総理夫人がどんな発言をしたかを巡り、役場の非公式メモをとっかえひっかえ持ち出して一年半大騒ぎするのは、騒いでいる人たちの頭がどうかしているというだけの話に過ぎない。

小泉氏が国会に調査委員会を設置しろと求めた愛媛県のメモにしたところで、仮にメモのとおり加計氏と安倍氏が会っていて、安倍氏が「獣医学部、いいね」と言っていたら何だというのか。国会での虚偽答弁だというのか。だが、誰と何を話したか全て記憶している人間などいない。些末《さまつ》な記憶の整合性と国政や行政の信頼との間に、一体何の関係があるのか。安倍総理が誰といつ会って何を話していようがどうでもよろしい。

そんな調査委員会を作る暇があれば、加計問題の本質である不当な規制による日本の獣医学の深刻な立ち遅れの調査を主張するのが筋ではないか。バイオテクノロジー、拡大する疫病対策、環境問題、絶滅危惧種《きぐしゅ》の激増など、獣医学の対処すべき新分野は多い。圧力で半世紀獣医学部の新設が不可能だった国家的損害は極めて大きい。が、小泉氏はそうした声はあげない。

要するに、小泉氏はマイクの前でマスコミ受けする発言をしているだけで、政治的に真に必要な主張をしようとはしていない。典型的な政局政治家である。私が小泉氏を「古い」と言うのはそこである。

「次は誰か」が最重要

一方、小泉氏のリーダー観も時代錯誤そのものだ。
「今年は党総裁選もあるので『次は誰か』と言われるが、もうそういう時代じゃない。『次は誰か』ではなくて、『次はどのチームか』という時代だ。日本に降りかかってくる多くの課題や問題を一人ひとりがプロフェッショナリズムを発揮してチームになって当たっていく時代だ」（平成三十年四月二十六日の自民党本部での会見）
個人の突出を嫌い、皆が横一線の価値観を重視する平成日本らしいリーダー観だ。同時に、安倍総理という突出した政治リーダーを交代させるためにも格好の論理と言える。強いリーダーより、強いチームの時代だというわけだ。
だが、これほどの失考はない。有《あ》り体《てい》に言って、いまほど「次は誰か」という首脳個人の力量が死活的に重要な世界情勢は戦後かつてない。

単純な話である。いま、世は乱世に突入した。乱世はチームでなど乗り切れないのだ。

その証拠に、国際政治では「誰が首脳か」がその国のみならず地域や地球の安定に直結する最大の主題の一つになっている。オバマ前大統領とトランプ大統領の治世と外交の差はチームの差ではなく、両首脳個人の世界観、政治信条や性格の違いに起因する。鳩山外交と安倍外交の差もチームの差ではなく、指導者としての両氏の資質やヴィジョンの差である。先の米大統領選はトランプ氏かヒラリー・クリントン氏かが争点だったのであって、アメリカ国民はチームを選択したのではない。

鮮明なカラーと賢明な言動を展開できる首脳にして初めてよいチームを持てる——これがあくまでも事の順番である。「誰が首脳か」に徹底的にこだわらなければ、良質のチームなど得られない。

小泉氏の平成流のポップなリーダー観は、著《いちじる》しく鎖国的、内向きで、世界の潮流から決定的に外れたリーダー観だ。万一こんな論理が日本の政界に流通したら、日本は自死に追いやられかねない。

古い体質批判は古い

トランプ氏や習近平氏、金正恩氏、プーチン氏は、日本人が作る政治チームとままごとをやるつもりなど一切ない。強靱《きょうじん》に立ちはだかるタフネゴシエーターであり国益派の安倍晋三だからこそ、喧嘩もできれば注文もでき、妥協もできる。だから安倍総理は、ライバルとしても味方としても尊重されているのである。

チームプレーとは、所詮、その一員の誰かを突けば他のチームメートに責任転嫁して逃げるような責任の曖昧《あいまい》な集団の謂《い》いに過ぎない。「誰がリーダーか」と問いかけ「俺こそがそれだ」と確言する勇気に欠けた人間たちの寄合いに過ぎない。自分が最終責任を引き受ける覚悟のない集団指導体制では、相手国は喧嘩も妥協もできない。約束を守る保証がないからだ。

これはまさに、かつての日本の政治そのものではないか。

ついでながら、ほぼ同時期、小泉氏は自民党についても次のように批判している。

「来年で平成が終わるが、自民党の中というのは、まだ昭和ですよ、本当に。だから、このまま平成を終えてはいけないと本当に思っていますよ」（六月一日配信、ＮＨＫ「政治マガジン」）

自民党改革については、私が側で見ていても必要を痛感してはいる。しかし一方、平成という時代の「失われた二十年」を、安倍政権六年で何とか取り戻せたのも、自民党が安倍政権の足腰としてその政治を支えるだけの地力を、まだまだ十分保持し得ていたからだろう。「昭和」のままの「古い」自民党抜きに、「失われた二十年」からの脱却という安倍政治が可能だったとは思えない。

現に、古い政治からの訣別を訴えた民主党が、実際にはどれほど日本を破壊したかは記憶に新しい。様々に累積する利権や、地縁・血縁、政治信条や宗教が絡《から》み合う日本のような巨大で精緻《せいち》な社会には、鵺《ぬえ》のような混沌《こんとん》とした受け皿が必要なのだ。自民党は、いまだにそうした受け皿として機能している。

古い体質批判はたしかに世間受けがいい。これは父・小泉純一郎氏の政治手法であり、純一郎氏がその手法で成功したのは事実である。

が、進次郎氏はあまりにも単純にこの父親路線を追いかけ過ぎている。

農協改革もそうだった。安倍政権の掲げた「稼げる攻めの農業」の尖兵《せんぺい》となって取り組んだその心意気はいいが、巨大な利権団体には、無数の関係者の利害のみならず、それが存在する無数の意義も存在する。それを一つひとつつぶさに知りながら、多くの人を「進次郎氏の改革を応援したい」と巻き込み、改革の実際の発令塔だった安倍首相に食い込む——本来、そうあるべきだったろう。だが、急進的な進次郎氏の姿は、どこまでも一人だった。一人で改革に取り組む姿がクローズアップされれば、焦点は改革の成果ではなく、テレビカメラの前に立つ進次郎氏へと移動してしまう。

「改革」という言葉を掲げながら、それがいつの間にか「政局」にすり替わってゆく点、純一郎氏の政治手法に酷似する。

が、この手法そのものが、いまや決定的に古いのだ。安倍政治が、そうした「政局レジーム」そのものを終わらせてしまったからだ。

三度目のレジームチェンジ

いま、日本は安倍総理によって、国際政治基準に対等に立ち向かえる政治姿勢や政治体制への急激な転換が図られている。小泉進次郎氏は、父の時代からは完全に変質した、安倍氏の作り出した、そうした時代潮流——ここではそれを「安倍レジーム」と呼ぼう——がまるで見えていないようだ。

小泉氏には将来がある。自民党内はもとより、要路の人びとの期待も大きい。だからこそ、苦言を呈したいのだ。この「安倍レジーム」を入念に研究し、政局型政治家を脱却して「安倍レジーム」のあとを切り開く真の新しさを身に付けてほしい、と。

それこそは、日本の次世代リーダーに課せられた責務であり、その自覚なき政治家は亡国の因になる、いま日本は恐ろしいスピードで、そうした国際政治に向き合えるレジームを確立し得るか否かという国家存亡を賭けた政治の成熟の必要に迫られていることを自覚してほしいのだ、と。

では、私の言う「安倍レジーム」とは何か。

政局的な発想から出発するのではなく、政治目標を国家的次元で設定し、そこから逆算して政局を組み立てる政治スタイル――それを私は差し当たり「安倍レジーム」と呼ぼうと思う。

これこそは、冷戦期の日米安保下で、自民党歴代政権が国家の設計と舵取りという大主題から目を背け、派閥間の権力交替で日本を回してきたスタイルを改める、政治の在り方の根本的なレジームチェンジと言えるからだ。

今回、安倍総理によって図られているこのレジームチェンジは、日本近代史における三度目の転換に相当するであろう。第一のレジームは明治憲法体制であり、第二のレジームはＧＨＱレジームである。

このＧＨＱレジームのなかで、吉田茂がアメリカ＝西側を選択し、さらに岸信介が日米安保改定によってアメリカの日本防衛を義務化することで、従米＝日米安保路線を明確化した。冷戦と国内左翼策動の激化のなかで、二人の政治指導者の敷いた路線が、戦後の平和と繁栄の最大の礎《いしずえ》になったのは間違いない。

だが、安倍総理はいま、こうした吉田、岸の敷いた戦後レジームによる日本のあり方と政権構造とを、連動して転換しつつある。

この大局的な安倍政治の意味を理解しない限り、安倍政権後の日本をどうするかということも、実は見えてこない。

「政局」より「国家観」

何よりも、小泉氏と違い、安倍総理の政治言語に「政局臭」がないことに注目してほしい。安倍総理の言葉はいつも「国家観」を語る。これが日本政治における安倍総理の「新しさ」である。

第二次安倍政権最初の一年を振り返るだけでもそれは明らかだろう。大胆な金融緩和を行うとの安倍総理のメッセージだけで、総理就任前から株価は急騰し始め、政権就任直後には一万円を突破、日銀黒田東彦《はるひこ》総裁による金融緩和の結果、五月の段階でリーマン・ショック以来、約四年十一カ月ぶりに一万四千円台に回復した。実に、就任後、半年に満たずして民主党政権時代の倍額に迫る勢いを示したのだった。

一方、安倍氏は首相就任と同時に、国際的な発信媒体である「プロジェクト・シンジケート」に「Asia's Democratic Security Diamond」（アジアの民主主義セキュリティ・ダイヤモンド）と題する論文を発表した。この論文で安倍首相は、南シナ海に迫る中国の脅威を指摘したうえで、自身が描く外交構想を、オーストラリア、インド、日本、米国・ハワイによって、インド洋地域から西太平洋に広がる海洋権益を保護するダイヤモンドを形成することだとした。

このダイヤモンド構想は極めて戦略的で規模雄大、長期的なわが国の指針として国家百年の計に相当すると言っていい。中国が米中二大国論を打ち出し、軍事力と一帯一路を結合したポストアメリカの世界制覇を目論《もくろ》み、日本が主要ターゲットである時、この基本的な外交指針の応用の線上にしか日本の安全や成長・成熟はあり得まい。

しかも安倍総理は、この外交方針を国内向けの記者会見や所信表明演説でなく、総理就任と同時に英文で発表した。このあとも、安倍政治は大目標の明確な発表に始まり、実践上のプログラムの策定と実行、そして数字や結果への反映というパターンを取ることになる。首相自身によるこうした一貫性ある情報発信や成果主義そのものが、日本政治におけるレジームチェンジと言える。

こうして、経済の復活と自由主義国家群による対中包囲網の形成を世界に宣言して、安倍政治はスタートした。一月、小泉政権以後、手薄だったASEAN諸国を訪問、二月にはワシントンに飛び、日米首脳会談で日米関係の完全復活を宣言している。

この時は九十分の軽いランチミーティングしか開催されないという屈辱的な扱いを受けたが、最終的にはオバマ大統領から絶大な信頼を得るに至り、その後継者であるトランプ氏との蜜月《みつげつ》は、かつてない新たな日本外交のステージとなっている。

戦後レジームの大転換

三月にはTPP交渉参加を表明したが、TPP亡国論——交渉すればアメリカに食い物にされるとの保守派の危惧《きぐ》をものともせず、逆にアメリカがTPPから逃げ出すのを引きずり戻そうというところまで、安倍氏は日本外交の主体性を確立した。

七月には東南アジアを再訪し、十二月には東京で日・ASEAN特別首脳会議により、アジアの盟主としての地位を再確立している。九月には東京オリンピック招致に成功し、その直後、国連総会で積極的平和主義と女性が輝く社会作りについて表明、ニューヨーク証券取引所では「Buy my Abenomics」と海外の投資家たちの目を再び日本市場に向けさせた。

政権一周年の十二月には特定秘密保護法を制定し、多年安倍総理の懸案だった日本版NSCを創設する。

NSCは内閣府のなかに政権直属の六十人のチームが設けられ、情報収集と分析に従事している。その情報に基づいて、総理、副総理、外務大臣、防衛大臣、官房長官が二週間に一度会合を持ち、収集された情報を共有しながら、長期的な国家戦略を定めてゆくのである。NSCと特定秘密保護法が連動することによりアメリカ、イギリスをはじめ同盟国や友好国の情報が日本に入るようになった。

この情報＝安全保障体制の確立こそが安倍外交の成功の重要な要因であり、安倍外交の成功があればこそ、集団的自衛権の行使容認が国際社会に受け入れられ、それを通じて安倍外交がさらに強化され、外交力がアベノミクスの成功を促《うなが》し、日本経済を回復軌道に乗せて今日に至っている。

これまで日本には、安全保障と外交を、政権が主体的かつ一貫して戦略化し、運営してゆく制度と政治指導の慣習がなかった。ＮＳＣの創設もまた、安倍氏による巨大な戦後レジームの転換だったと言える。

こうした国家目標の設定と一貫した目標追求、メッセージの明示と国家経営の高度化の総合的な成就《じょうじゅ》こそが「安倍レジーム」なのである。

これは、政局型の自民党政治との決定的な訣別であり、先鋭な司令塔がないまま首相が官僚政治全体の管理人だという霞が関の足し算政治からの決定的な訣別でもある。

安倍政権の著しい達成——株価二・三四倍、失業率一・四ポイント改善、就業者数三百三十五万人増加、失業者六十八万人減、有効求人倍率〇・六九ポイント改善などは、こうしたレジーム転換の結果であり、単なる個々の政策の妥当性によって生じたものではない。

安倍政権の課題

私の何よりの危惧は、現に生じているこの巨大な変化を、小泉氏——に限らず自民党の総裁候補諸氏や多くの有力議員、さらに財界人など——が決定的なレジームチェンジだと認識せず、単に安倍政権を成功したいくつかの長期政権のうちの一つとしか見ていないということにある。

むろん、安倍政権にも様々な弱点や課題は多数ある。

何よりも、マスコミと野党の仕掛けた森友・加計倒閣に一年五カ月も翻弄《ほんろう》されたのは、官邸の危機管理能力の深刻な欠陥だ。私はこの件を朝日新聞による謀略的な倒閣運動として告発し続けているが、だからといって政権の危機対応能力が不問に付されていいはずはない。政府対応も総理答弁も問題は多過ぎた。政権自体を攻撃から守る態勢が、安倍政権の現状では明らかに不十分なのである。

第二に、総体的には大きな成功を収めている安倍外交でも、独裁国家との交渉力は不十分だ。北方領土返還交渉は前のめりで、私は危惧の念を強くしているし、北朝鮮との交渉も事実上漂流し続けている。両者ともに役人ベースの側近政治の限界であり、頓挫している情報機関の新設も大切だが、寧《むし》ろかつての党人派的な野人のエネルギー、民間の猥雑《わいざつ》な力をどう政権に取り入れるかという課題が残る。

靖國参拝や歴史認識への取り組みも棚上げが続く。

内政でリベラルに偏った立法や、移民促進、北海道の土地問題など、安全保障を内側から蝕《むしば》む事態が進行し、一方、人口激減への対処は全く不十分だ。

レジームの大枠をチェンジした功績の一方で、安倍政治にもまだこうした積み残しは多い。

だからこそ、この稿では、あえて十年後の総理最有力候補とされる小泉氏に仮託《かたく》して直言したのだ。次世代の政治家は、ぜひ「安倍レジーム」の画期的な意義を理解し、しっかりと自らモノにしたうえで、その弱点や積み残しを解決する道に邁進《まいしん》してほしい。ゆめ安倍氏の切り開いた日本政治史の画期的な新しい頁を逆行させてはならない。

小泉氏が本当に将来の総理候補たろうという気があるならば、いまほど貴重な時はない。国際リーダーたちと互角にわたり合い、沈没寸前の日本を蘇《よみが》らせた総理の下で仕事ができる。歴史的な好機である。しかも日本の未来は依然厳しく、安倍政治の積み残しは多い。若手政治家にとって、こんなに挑戦しがいある時代はそうあるまい。

あなたが、所詮は政局を泳ぐ政治屋に過ぎないのか、それとも国家を背負う覚悟のある真の政治家に脱皮できるのか——良識ある国民の真摯《しんし》な注視を忘れないでもらいたい。

三、小池百合子と日本共産党

まるでスターのように

もうすっかり過去のものになった「小池劇場」。

こぼれるような笑顔と爽やかな挨拶が、毎日のように繰り返し放映されていた東京都知事就任後の丸一年。築地市場で、東京ガールズコレクションで、東京マラソンで、国際映画祭でスポットライトを浴びる小池百合子氏を、あの頃のテレビはまるでスターのように扱っていた。

あの現象は何だったのか。

今、小池都政は停頓のまま二年半が経過し、多くの歪みを生んでいる。この有様では、つまらぬスキャンダルや中傷と共に吹っ飛んだ舛添要一前都知事の方が、遥かに仕事をしたという結果になりそうである。舛添氏の主な実績は、東京五輪招致成功を受けての、都市外交の推進だった。ロシア、中国、韓国、欧米を歴訪し、首脳間では冷え込んでいる対中関係を強化、ロンドンとは姉妹友好都市協定を締結している。東京の外交力強化の為、都庁に外交ポストを新設もした。東京都雇用対策協定を厚労大臣と締結したり、小冊子『東京防災』を都民へ無料配布した事も大きな実績と言えるであろう。

憎悪、空疎、破壊

一方、小池都知事は一体何をしてきたのか。

調べても調べても「実績」が出てこない。出てくるのは、受動喫煙防止対策を国より厳しくするとか、ＬＧＢＴ等セクシャル・マイノリティ対策、ヘイトスピーチ禁止条例など軽率な左派的人権政策か、忠犬ハチ公全国ツアー、都庁管理職による「イクボス宣言」（育児をする部下を応援するボス）、食品ロスを減らす「チームもったいない」など、赤面するようなスローガンが並ぶばかりである。

政策と言えるものがあるとすれば、小中校の体育館にエアコンを設置する補正予算八十一億円を組んだ事くらいであろうか。

いや、小池都政最大の「実績」は他にある。根拠なく豊洲市場移転を二年も延期した事がそれだ。

平成二十九（二〇一七）年度の移転延期に伴う業者への損失補償の支払額は約四十九億円、移転に伴う追加工事に三十八億円、二年間の空の豊洲市場の維持費が三十五億円などの経済損失を出している。舛添要一氏は、追加工事費＋保証費用で「一二八億円をドブに捨てた」（『ＦＬＡＳＨ』平成三十年十月三十日号）と述べている。

小池都知事の政治責任を問い直すべきは当然なのに、猪瀬氏や舛添氏ら前任者のスキャンダルに過剰反応したマスコミ輿論も、小池氏が実際に都政に与えた損害には口をつぐみ、放任したままだ。

しかし、それは許される事ではない。

豊洲移転延期狂騒曲としての「小池劇場」はきちんと「清算」されねばならない。

このたびは飛鳥新社の本をご購入いただきありがとうございます。

今後の出版物の参考にさせていただきますので、以下の質問にお答えください。ご協力よろしくお願いいたします。

■この本を最初に何でお知りになりましたか

1.新聞広告（　　　　　　新聞）
2.webサイトやSNSを見て（サイト名　　　　　　　　　　　　　　）
3.新聞・雑誌の紹介記事を読んで（紙・誌名　　　　　　　　　　　）
4.TV・ラジオで　5.書店で実物を見て　6.知人にすすめられて
7.その他（　　　　　　　　　　　　　　　　　　　　　　　　　　）

■この本をお買い求めになった動機は何ですか

1.テーマに興味があったので　2.タイトルに惹かれて
3.装丁・帯に惹かれて　4.著者に惹かれて
5.広告・書評に惹かれて　6.その他（　　　　　　　　　　　　　　）

■本書へのご意見・ご感想をお聞かせください

■いまあなたが興味を持たれているテーマや人物をお教えください

※あなたのご意見・ご感想を新聞・雑誌広告や小社ホームページ上で
1.掲載してもよい　2.掲載しては困る　3.匿名ならよい

郵 便 は が き

62円切手を
お貼り
ください

| 1 | 0 | 1 | - | 0 | 0 | 0 | 3 |

東京都千代田区一ツ橋2-4-3
光文恒産ビル2F

(株)飛鳥新社　出版部

『左巻き諸君へ！ 真正保守の反論』
読者カード係行

フリガナ	性別　男・女
ご氏名	年齢　　　歳
フリガナ	
ご住所〒 TEL　　　(　　　　)	
ご職業　1.会社員　2.公務員　3.学生　4.自営業　5.教員　6.自由業　7.主婦　8.その他(　　　　)	
お買い上げのショップ名　　　　所在地	

★ご記入いただいた個人情報は、弊社出版物の資料目的以外で使用することはありません。

なぜか？

それは、単なる経済損失や小池氏の政治的無能をはるかに超えた、デモクラシーの構造的な破壊だったからだ。

四半世紀にわたる巨大事業

小池氏は平成二十八年七月三十一日に都知事に当選したが、選挙の公約にも当選時の「東京大改革宣言」にも、豊洲市場についての言及はない。

ところが八月三十一日の緊急記者会見で、突如、豊洲市場の移転延期を「正式発表」する。

「延期の決断にいたりました最大の理由でございますが、ご承知のように私はかねてより『都民ファースト』という言葉を繰り返し述べさせていただいております。つまり、都民のみなさま方、そして市場で働くみなさま方にとってこの移転が本当に納得のいくものであるのかどうか。また、あるべきだと。このように考えたからでございます」

こう切り出した小池氏は、移転延期の理由を三点挙げた。

「限られた時間のなかでの検討ではございますけれども、都民ファーストの視点から、私はまだ三つの疑問点が解消されていないと考えております。第一は、安全性への懸念でございます。第二は、巨額かつ不透明な費用の増大でございます。第三は情報公開の不足であります」

そもそもこのうち、第二、第三の理由は、すでに六千億円をかけて完成した施設の使用を延期する理由には全くならない。豊洲市場移転は、平成三（一九九二）年に始まる六年越しの築地再整備が挫折したあと、平成十四（二〇〇二）年から本格始動し、ようやく成功に漕ぎ着けた、四半世紀にわたる巨大事業である。

新任の都知事がちょっとやそっとのヒアリングで、費用の増大が「不透明」だと断じたり、「情報公開の不足」をあげつらえるほど小規模な事案では全くない。大会社の新社長が取締役会にも株主総会にも諮《はか》らず、十四年越しのプロジェクトを個人的なヒアリングだけで延期することがあり得ようか。

しかも、予算規模の拡大や、情報開示の不透明性は施設そのものの問題ではない。もし重大な疑惑があるというのなら、施設移転とは別個に検証すべきことだ。予算や情報開示上の異議申し立てが生じるたびに、インフラの使用を中止したり、企画を延期していたら、完成できる施設や企画は日本中に一つもなくなる。問題や瑕疵《かし》や反対派の全く存在しない施設も事業も存在しないからだ。

常識に従えば、行政が十四年がかりで完成させた六千億円規模の施設使用の延期が正当化されるには、よほど緊急かつ深刻な実害が想定されねばなるまい。

極めて危うい極論

すると、小池氏が提起した問題のうち、施設使用を延期するに足る唯一の理由は「安全性」だけだということになる。

が、ここでの小池氏の立論も、当初から極めて危ういものだった。

「この安全性の確保でございますけれども、なによりも、と言いますか、言うまでもなく、豊洲の新市場は生鮮食料品を取り扱う市場でございます。だからこそ八百四十九億円もの費用をかけて、土壌汚染対策法に則《そく》して、土壌汚染対策を実施してまいったところでございます。

そして、その安全性の確認のための地下水のモニタリングについては、第一回が二〇一四年の十一月十八日。そして、十一月二十九日にかけまして、二百一カ所から採水をして行ってまいりました。にもかかわらず、この二年間のモニタリングを完了する前に豊洲市場を開場しようという話に今、なっているわけですね」

そしてモニタリング結果をグラフを元に説明しながら、小池氏は次のように続ける。

「例えば、五街区の四十一地点のみのこれまでの七回のモニタリングの結果を見てみますと、いずれも環境基準値以下となっております。しかし検出値というのは単純な経時変化というわけではございません。時間が経てば不検出になるという話ではないということであります。

ですから少なくとも、二年間のモニタリング結果を見届けるというのは、これは安全性の確認、そしてその説得力ということにおいては譲ることはできないと、このように考えているわけでございます」

つまり、現時点で環境基準値以下である地下水について「単純な経年変化ではな」く、「時間が経てば不検出になるという話ではない」から、モニタリングの結果をさらに見なければならないと判断したというのである。このような極論を言えば、日本中どこにも施設は作れず、居住もできないことになりかねない。

空白の「最後の署名」

そもそも土壌汚染対策法（土対法）は、「汚染を摂取する経路を遮断する」という考え方に立つ。豊洲新市場で地下水を利用することは全く想定されていない。従って地下水に微量の汚染が認められたところで、地表面に五十センチメートル以上の盛《も》り土《ど》をするか、三センチ以上のアスファルト、または十センチ以上のコンクリートを敷設《ふせつ》すれば問題はないのである。

小池氏がこの事情を認識していないことは発言から明らかだ。逆に言えば、豊洲市場と築地の相対安全性も含め、移転経緯について基礎的なレクチャーを真面目に受けていなかったとしか考えられない。もし受けていれば、こんな根拠薄弱な延期表明はあり得なかったはずなのである。

しかも小池氏は、この合理的根拠のない「延期」判断を、記者会見一つで行っている。

十一月七日という移転予定日は、平成二十七年七月十五日の第十七回新市場建設協議会で市場業界と開場日および名称について合意を得、七月十七日に公表されている。ただしこの合意には法的拘束力はなく、それに基づく知事決定による規則を定めることで、開場日が正式に決まる。

そして工事の最終的な完成は平成二十八年五月、この段階で、十一月七日開場が可能と判断されるから、あとは都知事の署名による正式決定を待つばかりだったところが、ちょうど舛添スキャンダルと辞任でそれが遅れてしまう。その空白の「最後の署名」にパフォーマンスの可能性を見出したのが、新都知事になった小池氏だったのである。

足掛け十四年間に無数の精査と機関決定を経て、新事業への関係者の合意が形成され、最新施設が仕上がった。その間に無数の判子が押されてきたことだろう。その無数の判子による実現への努力の最後の判子――小池氏はろくなレクチャーも受けず、十四年間の実情も施設や土壌の安全対策の意味も知らずに、この判子を押さないことで、それまでの全プロセスを反故《ほご》にした。

もちろん、小池氏は移転を「中止」したのではなく、判子を押すのを留保することで「延期」しただけだ。

東京都に問い合わせたところ、移転「中止」ならば、議会決議の覆しになるから議会に諮らねばならないが、移転「延期」は都知事権限として許容されるという趣旨の回答を得た。

が、これは首肯《しゅこう》できない。

「延期」という概念が曖昧《あいまい》だからである。

「延期」は一日でも「延期」、無期限でも「延期」である。が、言うまでもなく、一日の延期と百年の延期ではまるで意味が異なる。

民主主義から独裁へ

また、万人に納得ゆく確かな根拠がある「延期」も、全く根拠がない気紛《きまぐ》れな「延期」も、どちらも「延期」には違いない。

だから、移転期日の最終決定権者が都知事だからといって、機関決定された期日を、無根拠に無期「延期」するとすれば、それは民主主義の決定プロセスの穴を悪用した独裁に他ならない。

民主主義国家における権限者の権限は、文字どおりに解すべきではなく、社会的合意の慣習や良識ある節度によって抑制的に行使されるべきなのは言うまでもない。権限者が、法律に書いてないからやっていい、書いてある言葉を拡大解釈すればこうも読めるからやっていいといって慣習や経緯や節度を無視し始めたら、民主主義は法律の文言《もんごん》を逆手に取った独裁に転落する。多くの国がデモクラシーを、そうして失ってゆくのである。

たしかに日本における地方首長権限は強く、本来なら議会の議決・決定を経なければならない事柄でさえ議会に諮らず、自ら処置する「専決処分」が認められる場合もある。が、それは緊急性か議会の委任を担保とした場合に限られ、「重大な損害を生じるおそれがある場合」差し止めの訴えが可能である（行政事件訴訟法三条七項、三十七条の四各項）。

今回の移転延期は、法の隙間を衝《つ》いた署名の拒否だから「専決処分」には当たらないが、都知事の独断的な権限不行使により、明らかに「重大な損害」を生じた。先に述べたように舛添氏はそれを百三十八億円と試算している。

専門家によれば、小池氏の移転延期判断のもう一つの法的根拠は、「平成二十二年度東京都中央卸売市場会計予算に付する付帯決議の二」（左記）によると解されているようである。

「土壌汚染対策について、効果確認実験結果を科学的に検証し有効性を確認するとともに、継続的にオープンな形で検証し、無害化された安全な状態での開場を可能とすること」

しかし、この付帯決議をもとに小池氏の判断を正当化するのは無理だろう。「無害化された安全な状態」は市場の利用に関する範囲であり、地下水の汚染は施設利用の上での安全性には関係ないからだ。

小池事件の恐ろしさ

首長権限が如何《いか》に強かろうと、とりあえず何かの屁理屈さえつければ、記者会見一つでこれだけの事業を勝手に「延期」できるということになれば、それは最早、デモクラシーにおける合意形成と権力行使の限界を超えている。こんな首長判断が本人の一存だけで許されるならば、確信犯的破壊主義者がどこかの首長になり、自分の気に入らない議会決定や機関決定を適当な根拠で無期「延期」し続けることも可能になってしまう。

実際、小池氏による移転「延期」根拠は合理性が全くなかったのだから、彼女は「延期」の理由を、第一に右手が痺《しび》れて判子が押せない、第二に立案時の知事だった石原慎太郎氏が嫌い、第三に目立ちたいとしたとしても同じだったことになる。氏が実際に挙げた理由も今書いた荒唐無稽な理由も、どちらも移転延期の根拠にならない点では同じだからである。

さらに今回の小池事件の恐ろしさは、「延期」を押し切った判断根拠が完全に日本共産党の用意したものだったことである。

小池都知事当選直後の八月十日、共産党は小池氏に豊洲移転中止を求める意見書を提出しているが、それを読めば、小池氏の判断が共産党のそれに便乗していることは明らかなのである。

「舛添前知事は、築地市場の業務を今年十一月二日で終了し、豊洲新市場を十一月七日に開場することを決定しています。しかし、**多くの都民や市場関係者から、この決定の撤回や再検討を求める声があがっています**。築地市場の水産仲卸業者は過半数が、十一月七日移転の撤回を求め、農林水産省等に要請しています。

撤回・再検討が求められる理由の第一は、土壌汚染対策が、きわめて不十分なことです。東京都は石原都政のもとで、東京ガスの工場跡地を新市場用地として購入しましたが、発がん性物質のベンゼンが環境基準の四万三千倍、猛毒のシアン化合物が環境基準の八百六十倍という**国内最大規模の土壌汚染が明らかになったにもかかわらず**、一部の『専門家』の見解をよりどころにして、**調査も対策工事も不十分なまま**、移転計画を強引に推し進めてきました。（略）**市場として最も重要な食の安全・安心の確保はもちろん、市場で働く人たちへの健康被害を危ぐする声も、専門家からあがっています。基準値内だから問題ないと言って見過ごすことは許されません。**（略）

ほかにも、仲卸店舗が狭すぎてマグロを切れない、築地市場と違い高層化されているため上下階の移動に時間やコストがかかるなどなどの問題がつぎつぎ浮かび上がっています。にもかかわらず、これらの諸問題の解決策が示されず、**関係者との合意が形成されていません**（略）」

共産党のプロパガンダ

典型的な共産党のプロパガンダであり、彼らはいつでもこの手の文言による主張で、与党の進めるあらゆる政策を深刻な落ち度があるように言い募《つの》る。それを真に受けていたら、日本中の全プロジェクトを中止せざるを得なくなるが、小池氏はそれに乗ってしまったのである。

しかし、記者会見で共産党の数値をそのまま使わなかったように、小池氏もさすがに共産党の主張を丸のみに信じたわけではあるまい。それだけに、根拠薄弱な移転延期の決断をどう糊塗《こと》するかが問題となったであろう。

ところが、それに助け船を出したのも共産党だった。

平成二十八年九月七日、共産党都議団が豊洲市場を視察、建物の下に盛り土がなく、「地下空間」となっていて水が溜まっていることを確認し、それを知った小池氏は十日に臨時記者会見を開き、共産党からの情報であることを隠してこれに便乗したのである。

「いろいろな方面からの情報を頂戴いたしまして、そのなかで、建物の下の土壌の安全性に問題があるのではないかとのご指摘をいただいております」

翌日のしんぶん赤旗を見れば、「いろいろな方面からの情報」が代々木のものだということは明白である。九月十一日付の赤旗が、『豊洲市場盛り土せず　土壌汚染対策　主な建物　共産党都議団調査で判明』と自慢げに報じており、これがテレビによって「謎の地下空間」という味付けで煽動されたのだ。

このあとも共産党による小池氏支援は続き、十二月二十一日には共産党系の科学者らが「豊洲移転は百年の悔いになる」という記者会見を行っている。

異形の政治とテレビの結託

小池劇場――これを小泉劇場や橋下劇場と混同してはならない。

いずれも、テレビメディアを利用したポピュリズムである点は共通している。小泉劇場は「自民党をぶっ壊す」と敵を設定して、郵政改革という幻想を売った点で、小池氏が範《はん》としているのは間違いない。だが少なくとも、小泉氏は多数の専門家のレクチャーに胸襟《きょうきん》を開き、解散で信を問うて国民の合意と議会の合意を形成し、郵政改革は曲がりなりにも新たな構造を作り出すという名目があった。もちろん仕込みは共産党ではなかった。

橋下劇場は遥かに真面目なものだ。橋下氏のテレビでの訴求力が大きいのは、氏が――私の賛否は別にして――「実質ある目標」を追求していたからであり、氏は、堺屋太一氏との共著『体制維新――大阪都』でその政策根拠を明確に訴えている。そして橋下氏は、自分の政見を民意に問い、民意に敗れ、辞職した。

何よりも、テレビは小泉氏や橋下氏の賞賛を垂れ流したのではない。劇場の登場人物は多彩で、賛否も多様だった。

小池劇場はいずれとも全く異なる。

それはもはや、一般的なポピュリズムを超えた、異形《いぎょう》の政治とテレビの結託だった。

巨大プロジェクトを根拠も期限もないまま「延長」し、重大な損害を出し続けても、非難や論争が起きるどころかテレビは小池賛美一色、偽の豊洲情報を流し続け、彼女の責任はどこかに消えてしまったのだった。追認してしまうには、危険すぎるデモクラシーのなし崩しの否定である。

小池氏は、その後、衆議院解散の小池新党の時に、憲法改正を正面に出してマスコミから瞬時に見放されたが、もし、将来、マスコミに迎合する為なら、何でもしかねない政治的節操のない人間が、総理になったら、日本社会はどうなるか。

我々は先の自民党総裁選で、有力候補だった石破茂氏が、保守政治家とは思えないほど、朝日新聞やテレビと結託して、偽りの印象論に基づく安倍批判を繰り返した姿を見ている。

今日本は、マスコミ独裁へとじわじわと寄り切られようとしている。

指導的政治家がそれに迎合した時、日本の自由やデモクラシーは本当に維持し得るのか。私たちは真剣に考えた方がいい。

四．山尾志桜里——戦後教育が生んだモンスター

議会制民主主義を破壊する質問態度

山尾志桜里氏の御父君は、町で評判の患者さん思いのお医者さんだと、風の便りに聞いた事がある。山尾さんはアニーの子役という難関を突破し、若い頃には自身の東大受験成功体験を『アニーの100日受験物語――私は、コツコツ勉強する優等生ではなかった』（ゴマブックス）という本にして出版もしている。

表紙を見ても、感じのいい笑顔である。

責任感の強い人望ある親に恵まれ、聡明で可愛らしく、素直な頑張り屋さんの女の子として育ったものと推察される。

近年の政治家としての山尾氏のえげつなさと余りにもかけ離れている。

いや、結局は、絵に描いたような才気と上昇志向で、有名国会議員になった彼女の今の姿こそは、戦後一般家庭の頭の良い「いい子」たちが、受験戦争やエリートコースを勝ち抜いた挙げ句、いつの間にか理性も道徳も置き去りにする生き方を覚えて日本人の良識を破壊し続ける、時代病理の典型なのかもしれない。

山尾氏と言えば、巨額のガソリン使用代疑惑、それも冷めやらぬ内に男女双方が不倫で、週四回もホテルに同宿している事が報じられるなど、殆ど全ての話題がスキャンダルに集中するが、寧ろ、彼女の本質は、その政治家としての言動にこそ表れている事は忘れるべきでないだろう。
試しに最近の山尾志桜里氏の衆院予算委員会での発言をご覧頂こうか。（平成三十年十一月二十六日衆議院予算委員会から、平よお書き起こし）

山尾志桜里　なぜ、総理は法務大臣にこの点を委ねて、総理は判断を自らされないんですか！　理由をお答えください（発言するものあり）。

野田聖子委員長　法務大臣、山下貴司さん。

山尾　いえ！　総理の認識ですから！

委員長　まずは法務大臣から、少々お待ち下さい。

山尾　法務大臣には答えられないことです！

委員長　あの認識を聞く前に……

山尾　違う！　違う！　法務大臣には答えられない!!

委員長　この認識は……

山尾　答えられない！　法務大臣……

委員長　山尾さん、まずは……

山尾　……には答えられない!!

委員長　あの、法務大臣の話が出ましたので……

山尾　法務大臣には答えられない！　総理の認識です！　要求しておりません。

委員長　ぜひ、法務大臣の話を……

山下隆法務大臣　（苦笑い）

山尾　法務大臣には答えられない！　問いかけです！　総理！　総理の認識です！　総理の！　認識です！　委員長、采配がおかしいです。総理の答弁の中……

山下法務大臣　（あまりにもうるさいのでマイクに口を近づけて大きな声で発言）ご指名でございますので、所管大臣である私から、お答え申し上げるのが適当と考えます。

委員長　この後、総理が……

山尾　采配がおかしい！

委員長　答えます。

山尾　総理にしか答えられない内容を聞いております。

委員長　総理は答弁しますが、その前に所管の大臣から少しだけ……

こんな人物を国会議員として許容し続けて、日本社会は本当にいいのか。山尾氏は、質問者である。対論相手との間で、質疑応答の激しい応酬が生じることはあっても、議長の采配をこれだけ執拗に妨害するのは、最も初歩的な人間社会のルールを破っているということに他ならない。検察官だった頃の山尾氏は、気に入らなければ裁判長を怒鳴りつけ、叱りつけ、制止も聞かずに喚き続けていたのだろうか。

国会における委員長采配には、勿論法律の縛りはない。いくら国会の委員長采配を妨げても、刑事罰に問われるわけではない。ここでの山尾氏の議事妨げは、本来なら懲罰動議に値すると思うが、野党議員の暴言や掟破りは殆ど全く懲罰の対象にはならず、野放しだ。

その意味で、山尾氏の傍若無人な質問ぶりは、彼女が野党議員だから許されていると言ってよい。言うまでもなく議会において議長の采配そのものに横槍を入れるのは、議会という仕組みそのものの破壊であって、罪は極めて重い。逆を想定してみればいい。議長の采配に、総理を始めとする政権側がその都度大声をあげて怒鳴り、妨げ、修正を要求すれば、最後は、議事を政権が壟断《ろうだん》するに至る。野党側であっても事情は変わらない。議会制民主主義の完全な破壊である。討論と議決という議会の大原則に、議長への恫喝《どうかつ》という新たな回路を設ける事が野党側だからと言って許されるべきでないのは、言うまでもないのだ。

しかも山尾氏は、同じ事を、毎度毎度繰り返すのである。

山尾　総理にお伺いします。この上限として運用する、ということこの答弁の中身をわかりやすくご説明下さい。総理の、答弁！　総理のその答弁の中身を、総理自身で確定させて下さい。

委員長　総理の本会議の答弁……（委員長と思われるが議場が騒然としており聞き取れない）（オフマイクで山尾・いや総理です！　総理の答弁を確定させて欲しいんですよ！　総理の答弁です！　委員長！　委員長！　総理の答弁の内容を）

委員長　まだ、確認しているので、まず（法務大臣出てくる）。

山尾　まだでしょ！　まだでしょ！（法務大臣席に戻る）

（オフマイクで委員長・答えられますか？　大丈夫ですか？）総理挙手する。

委員長　安倍内閣総理大臣。

総理（笑いながら登場）ま（笑）、これはですねえ、（委員長も苦笑）わたくしは本会議で答弁をしておりますが、委員会において更に法務大臣も答弁をしていることであります。上限という特定の事柄でありますから、私は法務大臣から答弁することが適当と考えたわけでありますが、私がここで答弁をすればですね、当然本会議で答弁したことと同じことになるのはまあ、当たり前であろうと、思います。

ここでもまた先程と同じ構図である。山尾氏は総理の答弁を確定させて欲しいと叫び、委員長采配を妨害するが、野田委員長は所管責任者の答弁を確定させ、その後に安倍総理に答弁を重ねさせて政府見解をより綿密に確定させようという采配で一貫している。山尾氏が総理の答弁を確定させたいなら野田委員長の采配に従うに若《し》くはない。

しかも、ここでの質問、外国人労働者の受け入れ上限については、既に総理は本会議で答弁しており、予算委員会で総理答弁が変わる事はあり得ない。山尾氏は、受け入れ上限が法律に書き込まれず、法律制定後の政治判断になる危険性を突いているのだから、こんなところでごねたりせずに、政府の態度がファジーである事の実害を列挙しながら総理を論理的に追い込めばよいだけなのである。

暴走を許す日本社会

こうして、山尾氏が質問の都度、議長采配に抗して大騒ぎを演じるたびに、時間は空費されてゆき、総理との議論も深まらないことになるのである。

総理　ご質問は、では単純労働はどうかという（山尾・誰が担っていくか）ことでございますが、それが誰かということを私は今ここで答弁することはできないのでございますが、何れに致しましてもですね、これは需要と供給という関係で成り立つものでございますが、様々な形でですね、（山尾・答弁できないならもうやめてください）今ですね、（委員長・お静かにお願いします）

すいません、答弁している最中にですね（山尾・だって答弁できないんだもん！）その最中にやめてくださいというのはですね、どうかと（笑）思うわけでございますが、今正に、正に答弁の途中でございます。（委員長・ご静粛に！）それは、それはですね、今様々な形でですね、色々な事情が成り立っているわけで、ございますが、中々その作業自体に、その作業からどんどんステップアップしていく見込みの無いものについては例えばですね、アルバイトと言う形でですね、様々な人が関わっているものも（山尾・委員長、もう聞いてないことを答えてる）たくさんあるわけでございまして、そうした形でですね（山尾・委員長！）補充されていくということも、あるんだろうというふうに（山尾・委員長！　もう聞いてないことを長々と……委員長・でも総理の答弁求めてるから。山尾・委員長！）考えております。（委員長・山尾さーん）

山尾　つまりですね、諸悪の根源は、単純労働なんて割り切れる仕事は無いんだけど、単純労働は入れないから、そんなに拡大しませんと、こういうふうに言いたいがために例示をやっぱりこういう場でひとつも挙げられないような幻の単純労働なるカテゴリーを無理に作るから、こういう苦しい答弁になるんじゃないですか？

単純労働とは何かを具体例で示せと、山尾氏は問い、安倍総理は明答を避けた。具体的な例で出せば、職業差別になりかねないからだ。だから、言葉の定義を国会で問われても総理は明確な答弁はできない。その隙をついた質問だ。

誠実な問題追及とかけ離れた質問と言う他はない。実際に、労働の難易度には等差があり、それは社会において給与や社会的待遇の大きな差として明確に表れている。山尾氏自身、国会議員という特権階級に属している。年収約二千万円、文書交通通信滞在費千二百万円、JR全線フリーパスで新幹線のグリーン車も無料、都心の事務所と格安宿舎が割り当てられ、公設秘書が三人付き、不逮捕特権まである。山尾氏自身が日本でも稀にみる特権階級である事は事実なのである。だが、単純労働の事例を、そのまま口に出せる社会ではない。人権の観点からの異常な言葉狩り社会では、何が単純労働かを具体的に総理が発言する事は困難だ。山尾氏は、言葉狩りの線に乗って総理の失言を誘発しようとして大騒ぎを演じているのであって、これでは、生産性ある議論には全くならない。そもそも、答弁の間中、議場は怒号に包まれ、総理が答弁すれば「時間稼ぎだ」と横槍を入れ、「質問に答えろ」と叫び、今度は答弁が気に入らなければ「答弁を止めろ」と決めつける。もし安倍総理が答弁から逃げて時間稼ぎをしているならば、猶更《なおさら》、野党側は、まともな議論に総理を引っぱり込む事が必要なのではないのか。この騒然たる野次の嵐の中では、安倍総理に限らず、とてもではないが緻密な答弁を組み立てる事など出来ない。自分の発言さえよく聞き取れないのだ。そんな中で議論が深まるはずもない。要は、総理が杓子定規《しゃくしじょうぎ》な答弁に終始せざるを得ない状況を、寧ろ、山尾氏をはじめ野党側が招いているという他はない。

与党の女性議員はおろか、かつての土井たか子氏、あるいは現役の先輩である福島瑞穂氏でも、このような暴力的な国会質疑は、さすがにしていない。議論がかみ合わず、激しい応酬になる事はあっても、山尾氏の場合のように、議論の土俵そのものを破壊する議会質問というのは、第二次安倍政権以前には稀だったと言ってよい。こんな質問を、衆人環視の中で大手を振ってしても恥じない女性を誕生させる事が、多年の解放運動の結果だと思わなければならないのだろうか。男女共同参画社会というのは、女性をこういう荒れ狂う姿にさせるために出てきた思想なのか。ここでの山尾氏の振る舞いは、男性であっては、寧ろ到底許容されまい。

与党の男性議員がここまで声を荒立てて、議長や答弁者を怒鳴り続ければ、マスコミは暴言として大きく取り上げ、議員辞職は必至だろう。バッシングの嵐は猛烈を極め、下手をすれば自殺に追い込まれかねない程の社会的糾弾を受ける可能性もある。いや、小学校の学級会で、議長の采配を否定し、人が話している間中怒鳴り続けているなどという児童がいれば隔離の対象になりかねない。会社での会議でこんな振る舞いが常態の人間は、さすがに解雇が困難な今日でさえ、解雇対象となろう。山尾氏がもし選挙区で支持者たちとの間でこのようなスタイルでコミュニケーションをとれば、選挙でどういう結果が出るのかは目に見えている。

そうした社会上も人道上も普通なら許容される筈のない言動が、なぜ国家の最重要議会である国会で、野党の女性議員であると許されるのか。特権を与えられ、ちやほやされ、暴力的言動が許される事でモンスター化し続ける自我——そこに野党議員である為の甘えと、女性である事による甘えが加わり、手に負えない所まで彼女を醜悪にしてしまったという事か。

肥大化した自我に食い物にされる政府

しかし、その根は根深いようだ。

【山尾しおりの政策】
- 私にしかできない「子育て・教育支援」をやらせてください
- 私に寄せられた介護・年金・医療問題を解決させてください
- 私の提案「歯止めの9条」で、危険な安倍改憲を止めさせてください
- 安倍総理の対米追随外交からの脱却し、日本独自の外交ビジョンを提示させてください
- 私の信念「原発ゼロ」を実現させてください
- 天皇制を維持するために、引き続き女性宮家、女系・女性天皇の議論をリードさせてください

これは山尾氏のホームページに公表されている彼女の政策である。私、私、私のオンパレードにまず驚かざるを得ない。正に自己主張を美徳とする学級会優等生がそのまま大人になったかの

ような文面である。最も滑稽なのは「安倍総理の対米追随外交から脱却し、日本独自の外交ビジョンを提示させてください」という一項だろう。外交ビジョンを提示したければ、そうすれば良いではないか。お願いするまでもない。ホームページにでも著書にでも提示したらよいのだ。

安倍外交は対米追随外交とは言えない。日米同盟を堅持しながら、オーストラリア、インドとの同盟関係を深め、日露平和友好条約締結により、チャイナリスクを軽減しようと試みるなど、安倍氏の外交は、従来の日本にない多角化を示しており、対米追随と決めつけることは、客観的に不可能だろう。そもそも日米同盟がアメリカ軍を自衛隊が補完する形で構築され、情報機関の独立が日本にない上、米軍基地のプレゼンスそのものが日本の安全保障の中核にある中で、日本独自の外交ビジョンとは何か。この問いは、極めて切実で、そして根深い。

安倍総理自身が、アメリカ依存の安全保障を自前の安全保障に転換する必要と、その困難、そしてチャイナリスクの増大を秤《はかり》にかけ、苦しい決断を日々繰り返している筈だ。もし、こうした複雑な秤を安定させ続ける安倍外交の曲芸を脱却する、より素晴らしいビジョンが山尾氏にあるならば、実際に提唱してもらいたいものである。だが、私は寡聞にして山尾氏の説得力ある包括的なポスト安倍の外交ビジョンを拝見した事はない。

私、私、私……と言いながら、実際には政治家として一歩一歩成熟し、発言力を高め、責任能力を向上させる姿勢が、全く見られない。自我肥大と怠惰、そして肥大した自我による絶叫や罵倒。一方、不倫が発覚した時に典型的に示されたように自分にだけは甘い、許されれば何をしてもいいという鉄面皮《てつめんぴ》。だが、これはひとり彼女だけのものなのか。どうも最近の日本のエリート全体を覆う気質なのではあるまいか。

政権疑惑の捏造報道を平然と一年半にわたって続けて、責任を感じる事さえなく開き直っている朝日新聞をはじめとする大手マスコミ。それを構成するひとりひとりの「エリート」社員たち。人口激減、対中リスクの深刻化の中で、安倍後の日本の将来像を示さずに、政局的言動に終始する自民党の総理大臣候補たち。国民生活の実態も知らず、人間学の修学もないまま、国民を指導できると勘違いしている霞が関エリートたち。次から次に出てくる日本企業の無責任体質……。

山尾志桜里氏にその全てを代表させるなどという無茶なことを言うつもりは無い。が、彼女のい、壊れ方に私は、日本のエリートたちが、それぞれの分野で、自問自答を深めながら、良心に恥じ、私心を抑え、社会や国家に献身するという心の振る舞いの基本を馬鹿にし、忘れ去った姿の一つの典型を見る。肥大し続けた自我が、国をあちらこちらで食い物にしている、その典型としての醜態を見る。道徳的であろうとしない限り、人は理性的にも生産的にもなれない。若きエリートたちが、その素朴な原点に今一度立ち戻ることを、私は切望している。

第四章

メディアや政府は「日本人の働き方」に手を出すな

一・「電通鬼十則」どこが悪いのか

――由来自殺者の心理は異常である。大抵の自殺が健康人の常識の目からすれば、死ななければならないほどのこととは見えないのである。（海音寺潮五郎『孫氏』）

引責辞任は「下らない」

電通社員の高橋まつりさん（当時二十四歳）の過労自殺に関して、労働基準法違反で同社が書類送検された経緯の責任をとって石井直《ただし》社長が辞任することが報道で明らかになった時、私はフェイスブックに次のような投稿をした。

「電通の社長が引責辞任だという。下らない。

ノイローゼで社員が自殺する度に大会社の社長が引責していてどうするのか。ノイローゼ患者も自殺者も無数にいる。社会は理不尽であり、人間は弱い。制度の問題ではない、程度の問題なのだ。遥かに理不尽な中で非命に斃《たお》れる無数の人間が毎日いる事だろう。中小企業の社長が自殺したら中小企業家組合の会長が引責するのか。いや、こんな社会にしたのは総理が悪い、総理が辞職せよ、いや労働組合が機能していないからだ、連合の会長が辞職せよ、いや野党が労働者の権利を守る為に動いていないからだ、志位氏が辞職せよ。どんな話でもでっちあげられる。風潮で会社のトップの首を切る、風潮で安保「騒動」を起こして議論を封じ込める……。自分で考え、自分の脚でしっかと立て日本人。（以下略）」

相次いだ反論

私としては、社会評論を書いたのではなく、常識を書いたに過ぎないが、冒頭の「下らない」が刺激的だったのか、反論が相次いだ。

電通の社長辞任は、新入社員のノイローゼによる引責ではなく、労働基準法違反という重大な「企業犯罪」の引責辞任だという批判。

私が高橋まつりさんという女性の自殺などどうでもいいと思っているのか、小川は何と非人道的な奴だという批判。

逆に、この程度の残業で自殺するということが理解できないという高橋さんの自殺への疑念。

……

人はどのような理由でも自殺し得る。

また、どのような場合でも自殺の誘惑を跳ね返し得る。

どんな強い人間でも悪条件の重なりようによれば自殺しようし、重圧に弱い人間だからといって、皆が皆、人生に苦しみ続けたり、自殺に追い込まれるわけでもない。重圧を避けて生きる道はいくらでもある。

運不運ということもある。「この程度の残業で自殺を選ぶのは理解できない」という疑念には意味がない。彼女が死を選んだ条件も理由も、彼女の心の強さ弱さも、客観的な残業時間では全く測れない。自殺の主因を残業過労に置いたのは世間の臆断に過ぎない。心が押し潰され、思いが死に向かう人の心事を、いまそういう心境にない健常な心の人間が想像することは、ほとんど不可能である。

では、これは労基法違反という企業犯罪なのだから社長の引責は当然だという話はどうなのか。

なるほど、彼女は死の直前に、仕事が尋常でなく辛いというツイートをたくさん残している。

労使協定で特別条項として定められた月七十時間の残業を超えた時には、労働時間集計表に過少申告するよう指導されていたという。実際の残業時間は、自殺前の十月九日から十一月七日の一月では約百五時間だった。これは、たしかに厳密には電通の法令違反ということにはなる。

しかし、この残業時間も、この程度の過少申告も、日本社会の常識に反する極端なものではあるまい。過労死、また、過労を苦にした自殺というから、最初、私は一体どれだけ長期間、どれだけ非常識な残業を拒否できない状況を強いられたのかと思ったが、一カ月当たりの残業超過が規定より三十五時間超というのは、日本社会での法に対する現場対応としては常識の範囲内という他はない。

実際、労働安全衛生法は、月当たりの残業時間が百時間を超えた場合に産業医面談を指示しているが、これは逆に言えば、このくらいの残業は日本社会の常識の範囲内だということを意味していよう。

この程度のことを企業犯罪呼ばわりされて大会社の社長が引責していたら、総理大臣から会社の社長まで、責任ある立場の人間は毎日のように引責辞任しなければならなくなる。

そもそも、日本社会の豊かさも日本人の仕事に懸ける生き甲斐も、数値に出ない労働に支えられてきた。過労が問題になるたびに労働基準や残業の実情が問題視され、法的な縛りが掛けられるが、現場はそれでは回らない。皆が残業時間を遵守《じゅんしゅ》すれば、会社が潰れ、皆で失業者になるだけである。

経営陣がどう、企業体質がどうという以前に、誰もいまより貧しくなりたくはない。まして自分が属する会社の倒産を免れたいとなれば、現場の商売が回る状況を無理しても作るというのが、誰もが考えることであろう。

社会の実情に合わない法律や基準値を、マスコミ輿論の圧力で無理強いされた時に、日本人たちはいつでも、その理不尽さを呪ったりせせら笑ったりしながら、そうして現場を回してきた。もし今回の事件を契機に、大企業の残業を実態に合わない形で「是正」して業績を落とせば、社員も下請け会社も大きな打撃を受けるだろう。逆に、数値上間尺《ましゃく》の合わない現場を調整して業績を落とさないようにしようとすれば、その皺《しわ》寄せは間違いなく下請けに行く他ないだろう。

では今度は、それら下請け会社の経営者が、残業時間を無理やり抑え込む大企業の犠牲となって過労自殺をしたとする。その場合、今回の東大卒の可愛らしい女性の自殺のように、社会問題になるだろうか。

一人の新入社員が月当たり三十五時間の残業超過で自殺したとされたために、日本の大企業全体に対する残業超過の監視の目が厳しくなり、その結果、下請けが密かな犠牲となってそこで過労死する人間が出たら、その死は誰が償うのか。親会社の社長が引責辞任するだろうか。それとも厚生労働大臣か。

いや、これは将来の話ではない。実際には問題にすべき事例が、いまも毎日どこかで起きているはずである。マスコミが全く取り上げず、誰にも相手にされず、遺族年金や生命保険の受給手続きでも驚くほど冷たい仕打ちに甘んじながら、遺族が不条理な家父長の死に耐えている——そんな例は、毎日のようにどこかで生じているに違いない。

それでも日本人は働く

あるいは、過酷な労働環境によって辛うじて倒産を免れている百人規模の中小企業で過労死者が出て、労災認定が下りるとする。労災認定によって支給される数千万円を超える支給金のおかげで、残された家族は路頭に迷わずに済むだろう。が、経営状態がギリギリな会社だったならば、労災の支払いで倒産するに違いない。

過労死を厭《いと》っていられないほど厳しい経営環境も不条理なら、一人の社員の過労死が百人の社員およびその家族を路頭に迷わせるような労働者保護法制もまた、不条理ではないのか。

そうした不条理の網の目は、日本社会の至る所にある。もちろん、マスコミと人権派弁護士が労働者の人権を盾に騒いでは現場が面倒な立場に追い込まれるという種類の不条理だけに留まらない。不条理はアメリカの外圧から来るかもしれず、現場を知らない関係省庁による思いつきの通達が原因であるかもしれない。モンスター化した消費者による圧力に会社が屈して生じる不条理もあろう。小さなことを言えば、愚劣な上司から来る不条理もあれば、逆に出来の悪い部下に由来する不条理もあるであろう。

その場合、誰がそれを告発し、不条理を跳ね返すために戦ってくれるのか。

誰もしてはくれまい。が、それでも日本人は働くのである。

多く働き多く豊かになる

少なくとも江戸時代以来、日本の労働文化は、「多く働き多く豊かになる」を社会的な合意として成熟してきた。様々な理不尽に社会全体で耐えて、その代わりに社会全体の豊かさを手に入れてきたのが江戸から連綿《れんめん》と続く日本近代の「資本主義の精神」なのだと言ってもいい。

アダムの楽園追放以来、労働を罰の対価と見做《みな》す西洋と違い、日本においては基本的な労働である農耕は神事であった。労働は下層階級に強いられた苦痛だという西洋とは、我々の文化は全く異質である。安易に労働を聖化するつもりはないが、過重労働を社会の後進性のように言い立てる愚かさからはいい加減、解放されたほうがいい。

仕事の虫で、仕事が楽しくて仕方がない、あるいは仕事以外に趣味がなく、いつも仕事をしている人間が日本には無数にいる。居酒屋で待遇にどんな不平を鳴らそうと、給湯室でどんなに上司の悪口を言おうと、それは「多く働き多く豊かになる」文化に根本で同意したうえでの話である。それを否定すれば、日本人の幸せと生き甲斐の大部分は消えるであろう。

一人の自殺者が出たからといって、それを基準に社会全体を「改良」しようなどという無法なことをすれば、日本の労働文化のあり方を是とし、いまでも猛烈に働くことを喜んで選択している無数の日本人の人生を否定することになり、その結果、我々が享受している生活をも否定することになる。今回も有名な電通の社訓「鬼十則」そのものが悪であるかのような論調が横行したが馬鹿も休み休み言うがいい。「鬼十則」を否定すれば、その文化に憧れ、それに生き甲斐をもち、そこにヒントやチャレンジの根拠を持ってきた電通の他の社員の人生はどうなるのか。

なるほど「多く働き多く豊かになる」という日本の労働文化は、日本社会の幸せを作ってきたと同時に、不幸の原因でもあるだろう。当然だ、光には影が伴う。一日中遊び暮らし、腹が減ればそこらに転がっているパイナップルを拾ってきて食べるような社会であれば、過重労働もなければ鬱《うつ》病もあるまい。その代わり、豊かさもなければ出世へのチャレンジ――今回の自殺者は明らかにそれらを望んでいたであろう――もそこにはない。

社会に貢献する、さらに大きく言えば世界に貢献するという、最近の日本人が好んで口にする人生目標も、充分な豊かさに達した強い社会でなければ不可能だが、ノーストレス社会にはその可能性もない。

大きな豊かさ、大きな可能性がある社会は、大きなリスクのある社会でもある。豊かさや可能性を欲するなら、リスクを完全に回避するのは無理に決まっている。「豊かさ」も「可能性」も、いまここにはないものである。いまここにない物を生み出そうとすれば、それはそのような挑戦をしない時よりも危険を伴うのは当然なのである。

ハイリスクは当然

考えてもみるがいい、豊かさやチャレンジの可能性はほとんどないのにリスクだらけの国が、いまでも地球上には最も多いのだ。世界の人口の半数以上は、いまでも軍事独裁国家下にいる。経済的、社会的な自由は大きく制限され、政権批判をしようものなら容赦なく弾圧される。そのうえ、小市民としての小さな豊かささえ手に入らない。

それどころではない。アフリカの多くの国のように、飢餓と疫病との戦いに追われ続けている社会もまだ多い。宗教戦争やテロの絶えざる危険に置かれている中東諸国もある。

日本は明治の開国にあたり、当時の西欧列強規準の自由社会を選択し、政治的自由と資本主義の競争原理を選んだ。昭和十年代の統制社会と敗戦を経て、戦後にはさらなる自由社会の道を選び、今日に至っている。専制政治の恐怖も自由の制限もない。チャレンジの不可能な不平等社会でもない。飢餓も貧困も格差も、世界と比べればまだ僅かである。

そうした人類に稀なほどの自由が与えられている社会で、「多く働き多く豊かになる」というチャレンジに参加すれば、社会がどんなに安全弁を設けようと、ハイリスク・ハイリターンは覚悟しなければならないのが当然だろう。自由、ノーリスク、ノーストレス、人並み外れた豊かさ――それら全てを社会に要求するのは、いくら何でも虫が良すぎるという他はない。

日本の看板会社と言える電通のような大企業が収益を維持し、日本社会の最前線に立ち続け、その社員らにブランドが齎《もたら》す名誉と高額収入が保証されるということは、他の大抵の職業や下請けの中小企業とは比較にならないハイリスクを社員一人ひとりが背負うのが、本来なら当然なのである。

しかし現実には、日本の大企業はハイリスク・ハイリターンではなく、むしろ日本社会の平均から見れば、ローリスク・ハイリターンの代表的な職種だと言っていい。それを支える中小・零細企業の多くが、逆にハイリスク・ローリターンであることは改めて確認するまでもないだろう。

電通の社会的神通力

電通のブランドと電通の収入を欲した人間が、「鬼十則」に代表される電通の企業文化を受け入れないならば、それは単なる我が儘でしかない。電通ブランドの社会的神通力は理不尽なまでに大きいのだから、社員の抱える心身の負担も社会の平均値と比較した時、ある程度理不尽でなければ釣り合わない。

そもそも日本の自殺者は、ピーク時の平成十五（二〇〇三）年の三万四千四百二十七人に比べて減少したものの、平成二十八年でも二万百九十三人（十一月までの暫定数）に上る。仕事の悩みによる死は相変わらず多い。したがって、その全体を俯瞰《ふかん》し得る統計や調査を通じて現在の日本の労働環境の歪みや社会病理を探り、本格的な改善を図るというのなら、それは理の通った問題提起と言えるだろう。

が、そうした地道な労働環境問題の研究もなしに、一人の若い女性の自殺が突如クローズアップされ、それが大企業の社長の引責や国の労働政策の変更にまで及ぶとなれば、そんな不真面目で浅薄《せんぱく》な社会改良などあっていいはずのものではないだろう。

一人の女性が、様々な原因が輻輳《ふくそう》して鬱病と言うべき症状によって二十四歳で自殺した。この死を悼《いた》むことと、「多く働き多く豊かになる」日本の文化、日本の強み、電通ブランドの神通力を安直にぶち壊すことは全く別の話でなければならない。

死を転じて日本の労働慣習全体への否定に結びつけようとするなど、見当違いも甚《はなは》だしい。

ところが残念なことに、その見当違いをよりによって自殺した女性の母親がしているのである。自殺から一年目の十二月二十五日、母親の手記が公表され、朝日新聞に至ってはこれを一面トップに掲げた。上司命令による残業時間の書き換えは朝日新聞自身もやっていたはずだが（日経新聞電子版、平成二十八年十二月九日）。「まつりの死によって、世の中が大きく動いています。まつりの死が、日本の働き方を変えることに影響を与えているとしたら、まつりの二十四年間の生涯が日本を揺るがしたとしたら、それは、まつり自身の力かもしれないと思います。でも、まつりは、生きて社会に貢献できることを目指していたのです。そう思うと悲しくて悔しくてなりません」

母親の子を失った悲しみは、いかなる同情をも超えたものに違いない。その悲しみに対しては、私はどのような言葉も持ち合わせない。が、この手記の引用部分前半は、その嘆きとはかけ離れている。

命に値段はつけられない

なぜこの人は、娘の死を社会問題などという〝下らない〟ものに換算しようとするのか。死を社会問題に換算するということは、彼女のことを全く知らず、何の同情や共感の持ちようもない人間が——いまの私がしているように——彼女の死を論評する、そういう世界に掛け替えのない娘の死を持ち込むことに他ならない。

娘の死がそういう形で社会化し、喧噪《けんそう》の対象となり、賛否の論評にまみれる——そんな心ない事態に対して、一番抵抗を感じ、一番それを拒まなければならないのが、本来、母親であるはずではないのか。

人の命に値段を付けてはならない、まして掛け替えのない人の命であるならば、絶対に。

なぜか。

値段とは交換価値であって社会的な合理性に落ち着くものでしかないが、人の命はそうした合理性を全く拒んだところに、その尊厳の核心があるものだからである。

人の命の値ほど、主観に左右されるものはない。だから、我々がもしある人の死を本当に嘆くのであれば、我々はその人の死を、一人の人間の死の小ささのまま守り抜かねばならない。

大会社の社長が死んで葬式に何千人来ようが、逆に社会的な係累がなく数人で葬儀をしようが、死の小ささと死の厳粛さに違いはない。葬儀が盛大でも、ごく少数の人間の真の哀惜《あいせき》がなければその死は報われず、どんなに少人数の葬儀でも、心からの慟哭《どうこく》とともに送る人がいれば死者は慰められるであろう。

電通の社長の地位や日本の労働文化は、一人の新入社員の自殺と交換すべき価値ではないし、そんなことを許すべきではない。電通の社長の椅子が、新入社員の不在と比較にならず重いのはいうまでもない。

が、一人の人間の命はそのような社会性に還元できないし、してはならない。彼女の命を社会正義の大義名分に還元するのも、新入社員としての値段に還元するのも間違っている。

死を個の心にしまう

私は三年前、父を七十七歳で亡くした。社会的に大きな仕事をした著名な人間というわけでもない。大変元気だったので七十七歳の突然の死は早過ぎると感じているが、二十四歳で将来あるまま自殺をした女性と較べれば十分生きたということになるであろう。

が、私にとっては、父の命は値段のつけようのない圧倒的なものなのである。社会的な意味をそこに見出せるから慰められるのでもなく、大きな社会的業績がないから命の値段が安くなるものでも全くない。若い人に較べれば長く生きたと考えても、納得などできない。他の誰が死んでもいい、どんな重要人物が死のうが若い人が死のうが構わぬ。が、父にはもっと生きてほしかった。私は魂が揉みしだかれるような痛さで、三年経ったいまもそう思う。

が、言うまでもなく、この圧倒的な喪失感を共有しているのは、私以外、母と妹という一番近い肉親だけである。他の人にとっては、父と親しかったにせよ、葬式で焼香をして、その場で涙を流して終わりであって、そうでない多数の人にとっては、一年も経てばいつ死んだかの記憶も定かでない一老人の死に過ぎない。

それでよく、それが当然なのである。

この無限の格差は換算も置き換えもできまい。私にとって無限に尊い父の命も、他人にとっては路傍《ろぼう》の一エピソードに過ぎない。だからこそ、その死をかけがえがないと感じられるごく少数の人間は、死を社会的な値段になど還元せずに、自分の胸のなかだけで大切にし続けてやらねばならないのではないのか。

高橋まつりさんという人は、「社会問題」のなかになど決していない。もし仮に、私が彼女を深く知り、深く彼女とかかわっていたならば、その死に激しく衝撃を受け、同情や共感によっていまなお嘆き続けていたかもしれない。

逆に、深く知るほどに、人間としての彼女を嫌いになり、死に同情を持つことさえあえて拒絶したいほどの思いを持ったかもしれない。それは分からない、が、深く人間を知る、深く交わるということを通じてしか、我々は人の死を本当には経験できない。

我々の常識はそれをよく知っている。葬式に出て、遺族に向かってべらべら死んだ人のことを喋り立てる人間はいまい。死者を本当に知る者が黙って耐えている喪失感に想像が付くからこそ、我々は努めて沈黙を守るのである。

一人の若い女性が様々な苦痛を感じ、その苦痛が複雑に絡み合いながら、彼女の心を死に向けて駆り立てた。この小さな死を、小さな死のまま大切にし、それ以上、社会問題と安直に結びつけたりなどしないこと――それが人の道というものである。

二．「働き方改革」批判――働き方を国家が決める愚

総理の危機意識と霞が関の分裂

安倍総理が平成三十（二〇一八）年の通常国会冒頭で行った施政方針演説は、国民的な議論を要する重大なものだった。

アベノミクスが——金融政策としての出口論を巡る評価を別にすれば——概《おおむ》ね成功にある中で、今回の演説はそれを受け、全体の八割を国の大きな方向転換を意味する国策表明に当てていたからだ。「働き方改革」「人づくり革命」「生産性革命」そして「地方創生」の四つの柱がそれである。

安倍政治五年間の大眼目は大胆な金融緩和を中心とした経済再生と、首相主導の外交・安全保障にあり、それらは際立った成功例だったと思うが、内政の大改革となると、そう簡単にはゆかない。

安倍総理の内政改革の根本は人口激減社会到来という「国難」にあると言ってよいであろう。現状の出生率推移の範囲内では、二〇五〇年には、現在から三千五百万人減の八千八百万人、そして二一〇〇年には、四千七百万人になるとされている。

この出生率の低下による、人類史上最速の人口縮小社会は、出生率を短期に劇的に上げるか、極端な移民政策を取るか、諦めて民族の衰滅を受け入れるかの三つを明確に選ぶしかない段階に至っている。大袈裟に聞こえるかも知れない。だが、出生率が現状近辺を推移し続ければ日本の人口は二十三世紀初頭には実に八百五十万人となるとの試算もある。その途中で何とかなると楽観できる根拠はない。

安倍総理の施政方針演説は、この人口激減を政権課題の正面に据え、政治の中心主題に持ち込んだ点で、画期的である。

第一に、国策の核心が高齢者福祉に集約し続け、その結果老人大国となった状況を、「人づくり革命」において若い世代の教育へと重点の振替をし、また高齢者も生産側に極力回る社会へと転換する。そして「働き方改革」では給与体系の合理化と長時間労働の是正により働く世代の育児に配慮し、「生産性革命」で生産人口減少に対処するために生産性の向上を目指す。ロジックはそういう事になるのだろう。

だが、内実は問題の多いものと言わざるを得ない。全体に明確な問題の析出と目標設定が乏しい。「人づくり革命」は主として予算配分の転換だが、どういう人材を日本が作るのかという根本の哲学が見えない。福祉から教育への転換は、サービス国家から脱却して、日本国家がどういう若い国民を作ってゆくのかという、国家観そのものが問われる転換でもある筈だ。「働き方改革」では長時間労働が否定されるが、日本人は基本的に労働が好きなのである。また、労働時間と出生率に必ずしも相関関係はない。昭和までの日本人は、今よりはるかに多く働き、今よりはるかに多く子を産み、育てた。「生産性革命」にしても、労働生産性という数値に妥当性があるかどうかも含め、多分に疑問である。日本はモノ作りから知財やサービス創出型社会に移行している。それらは富の創出を時間で割る労働生産性とは寧ろ矛盾する分野だからだ。

今、我が国はどのような大目標があり、その大目標を達成する上での障害は何で、解決する手段は何なのか。

その中で、国家が法整備をすべき事は何で、一方、現場の裁量に委ね、国民的な自発性に委ねるべき事は何か。いや、国が法律を制定して社会の方向性を示すのはいいとして、それは国民の自発性を促す法整備なのか、国民から自発性を奪うものなのか。

今回の労働政策の転換を象徴する「働き方改革」一つを見ても、大目標を掲げている割には、安直、拙速で、現場を理解していない霞が関立法の悪弊の典型だと私には思われる。

なぜ国民的議論が起きないのか

「日本経済再生に向けて、最大のチャレンジは働き方改革。働く人の視点に立って、労働制度の抜本改革を行い、企業文化や風土も含めて変えようとするもの」

「働き方改革」の「基本的な考え方」にはこのように記されている。

「働く人の視点に立って」とへりくだってみせているが、そもそも働く人の視点は幾つもある。上司と部下、中間管理職、大企業と中小企業、個人経営者、地場産業、東京の企業に働く人、政令指定都市、地方都市、山村漁村それぞれの働く人達、仕事の好きな人、嫌いな人、能力の高い人、低い人、性格の陰湿なルサンチマンに満ちた人もいれば、職場に感謝しながら働く人もいる。

実際に「働く」とは、まさにそうした無数に多様な環境で、自分自身の条件も含めた無数の因子を引き受けて仕事の成果をあげてゆくという事であって、国家が法律制定において「働く人の視点」を固定的に定義し、安直な法規制などをしてもらっては困るのである。

言いがかりをつけているのではない。「基本的な考え方」は、「労働制度の抜本改革」とまで言っている。言い方を変えれば、国民の人生のあり方の抜本改革であり、国家の富の作り方の抜本改革に他なるまい。さらに、言葉を重ねて「企業文化や風土を含め変え」るとさえ言っているのだから、これを国が本気で実行に移すつもりなら、まずは議論の立て方そのものに関して、国会、論壇を軸とした国民的議論を喚起するのが筋だろう。

財政論や政策論の専門家による批判的検討は勿論、もっと手前の労働思想の観点からも、国民的な議論が必要であるはずだ。日本人にとってどのような労働のあり方が望ましいのかは、霞が関が決めるべき事ではない。そのような権限を我々は行政に許してはいない。外交や安全保障のような喫緊《きっきん》且《か》つ機密性が強く、政権への委任度の高い課題とは違い、人口政策、労働政策は、国民の生活実感や実態を深く見極め、国民的な合意や共感の中で決めるべき政策課題だろう。

国民の側から「働き方改革」の大きな要求が出ており、論壇、専門家、ネットで議論が噴出しているわけではない。

世論がないのに、政府が改革を進めるというのならば、まずなすべきは「改革法案」を出す事ではなく、改革すべき現状の問題点そのものを、数値や豊富な事例をもとに国民に提示する事ではなかったのか。

ところが、今般の「働き方改革」が提示している、日本の労働制度と働き方の三つの問題と解決策は、国民生活の現実と乖離《かいり》しているとしか、私には思えない。

解体された日本の強み

「働き方改革」が提示する問題の第一は、正規・非正規雇用の不合理な処遇の差であり、第二が長時間労働、第三が単線型の日本のキャリアパスである。

正規・非正規の問題から簡単に検討してみたい。

「不合理な処遇の差」とあるが、正規と非正規には、処遇差があるのが当然だ。非正規雇用をなくせという現実離れした建前論はかえってその温存に悪用される。現実には企業も個人も非正規の方が都合の良い場合がいくらでもある。

そもそも、正規雇用離れをしたのは、バブル期の日本人自身だったのである。それ以前、つまり昭和の高度成長期の労働環境は、男性の正社員による終身雇用を中心として、女性がパートで家計を支えていた。そのことが何ら不合理ではなかった。単線型のキャリアパスは多くの人間にとっては不合理なことではない。人生はサーフィンではない。何度も色々な波に乗って仕事を転々とするなどという人生は、本来ならば例外である方がよい。

昭和後期には、男性の終身雇用を軸とした日本企業のあり方が日本型経営として賞賛されていたが、その後、突如、これが時代錯誤であり、キャリアの不自由さだという思潮が猛威を振るい、合理的な根拠もなしにアメリカ型の成果主義に宗旨替えが始まり、終身雇用制が崩れ始めた。丁度バブル経済で、若い世代が自由な職業形態で高給を取れた時期に重なる。バブル経済と、アメリカ型経営への盲信とが相まって、正規雇用は会社に束縛される不自由な生き方だとされていったのである。

さらにそれに決定的な追い打ちをかけたのが、男女雇用機会均等法（昭和六十年）を、社会思想化した平成十一（一九九九）年の男女共同参画社会基本法である。

その間、バブルが崩壊したが、アメリカ型経営と男女共同参画型社会という根拠なき社会思想の変更が、日本再建の足掛かりを奪った。男女の役割分担の根幹が国家の方針によって破壊され、雇用、就業、生涯の収入設計が不安定化し、婚姻も出産も広く躊躇される時代が到来した。成長の限界に達しつつあった上、日本独自の経営の強みを自分で壊した為、景気は低迷を続ける。小沢一郎氏による政治改革が、企業献金の廃止と小選挙区制の導入により、自民党の伝統的なパワーを土台から壊し、自民党と財界が組んで日本社会を立て直す、旧来の活路も閉ざされた。冷戦後、世界が国家戦略を練り直す中で、日本は、自国の強みを、あの手この手で、この時期に自ら解体してしまったのである。

男性優位を説こうものなら社会から抹殺されかねない風潮の中で、男性機軸の終身雇用社会の再現は望むべくもなくなった。一方、企業もまた、経済低迷の中で、雇用能力が低下する。その間、弱者利権の蔓延で、正規労働者の権利保護が過度に進み、労働条件を巡る裁判などを起こされれば中小企業は一発で潰れてしまう雇用恐怖の時代となる。こうして派遣労働が幅を利かせるようになった。

そうした中、アベノミクスの成功による人手不足が進む現場では、正規・非正規の格差は能力の実態に応じて調整が進んでいる。寧《むし》ろ正規・非正規の壁の最大の原因は、正規雇用が企業にとってリスクになっている労働者への過保護ではないか。

現状に即して考えれば、正規雇用の解雇リスクを減少させる一方、非正規雇用の現場即応的な対応を促進すべきであろう。安定した社会保障と長期雇用を求める働き手の企業・職場にとっての重要度は、単なる能力では測れない。忠誠心、人間性の安定なども職場効率を支える極めて重大な要因だ。正規雇用の過大な厚遇は、労使間のそうした人間的な意味での互恵関係を毀損してきた。

だからと言って、逆に、「（同一労働・同一賃金の実現を目指すなら）正社員をなくしましょうって、やっぱりね、言わなきゃいけない」（竹中平蔵氏平成二十七年元旦「朝まで生テレビ」）という極端な雇用の流動化へ舵を切る為の偽装としての「働き方改革」だとするならば、日本の労働環境は、更なる険悪化が進む。万一そんなことになれば「働き方改革」は男女共同参画型社会に続き、我が国の成長可能性を蝕む癌《がん》になるのではないか。

破壊された日本型労働慣行

さて、次の長時間労働に関しては「長時間労働を自慢するかのような風潮」を改善してゆくとしている。これ又、実際には、ブラック企業の告発や労災の適用が拡大し続けている中で、経営者や上司が長時間労働を強制する事例は現場では寧ろ減っている。特にパートや非正規を含む数値では、バブルの絶頂期に一七・二%にまで上昇した長時間労働は、平成二十八年には七・六%にまで減少している。（総務省「労働力調査」による）

今回の「働き方改革」では、長時間労働の習慣を排し、成果本位の労働裁量制が導入される事になるわけだが、制度の問題に細かく国家が立ち入るという発想そのものが、日本の現場を弱くし、経済成長可能性を奪いはしないであろうか。この種の合理化は、労働現場が、それぞれの関係者たちの智慧や成熟によって、環境や条件を微調整する「大人の社会」を寧ろ破壊しがちだ。管理職が制度に振り回され、心身の負担が増えている。従業員にとっては必要な残業の抑圧にもなる。「『働き方改革』の為に、今や私たちは泣いて残業の必要を会社に訴えなければならない羽目に陥っている」という現場の声は枚挙にいとまがない。

国がなすべきは、こういう吟味不充分な労働思想を政策化するよりも、法的に保護しなければならない労働者、管理職、会社それぞれの権利と利害の、現状における「衝突」を「明確化」し、それぞれの不当な抑圧と不当な権利の主張を調整する利害調整点を明らかにすることではないのか。

こうした国家による労働のあり方への関与として疑問視せざるを得ないのは、単線型のキャリアパスを変えていくという三つ目の目標にあっても同様だ。「自分にあった働き方や職場を選択して、自らキャリアを設計可能に」との目標は、実際には、ほとんどの人にとって消化不可能な話であろう。

人間という生き物は愚かである。自己コントロール、自己設計が可能なほど聡明でも意志強固でも先の見通しができるわけでもない。能力の限界や運命によって、また社会の強制によってキャリアを制限されるからこそ、諦めてその職場で自分の仕事を深めることができる。強制による諦めなしに、いつも可能性を追いかけていては、成熟も安定も永久に人生に訪れることはない、それが私も含め大半の人間の分相応というところである。

人間は大枠では強制をされた方が楽で、楽な方が力を発揮でき、力を発揮しきったと実感する方が、可能性の不安定な海にぷかぷか浮かびながら不完全燃焼の時を浪費するより、よほど幸せなのだ。

無論、この裏には、ビジネス環境が流動化する中で雇用の流動性を社会の流れにしたいという思惑があるのだろう。だが、雇用が流動化しているのは、国際ビジネスの流入によるよりも、終身雇用制を外圧に誘導されて崩し、イデオロギーに誘導されて男女共同参画型社会の名のもとに、男性の雇用や収入を不安定にして、少子化社会になった結果ではないのか。

安倍政権はアベノミクスと安倍外交により、せっかく類稀《たぐいまれ》な日本経済の安定を作り出しているのに、なぜ、このような不注意で視野《しや》狭窄《きょうさく》な労働政策を急発進させる必要があるのか。

安全保障など急転換が必要な分野もあるが、内政課題は漸新《ぜんしん》性と現場の声から積み上げてゆく地道で帰納的な変革姿勢が何よりも必須である。

安倍総理、くれぐれもイデオロギーを内に秘めて接近する邪悪な合理主義者や霞が関の統計の詐術、一見ロジカルだが現場の声から程遠い美しく描かれた設計図に騙されてはなりません。

第五章

『新潮45』廃刊事件全真相

一・政治は「生きづらさ」という主観を救えない

チェスタトン：狂人とは、理性を失った人間のことではない。理性以外の全てを失った人間のことである。

バーク：臆面もない言い方をすれば、それが古い常識だからこそ愛しているのです。

テレビなどで性的嗜好をカミングアウトする云々という話を見る度に苦り切って呟く。「人間ならパンツは穿いておけよ」と。

性的嗜好など見せるものでも聞かせるものでもない。

アダムとイブが股間を意識して以来、Homo sapiensは、動物的な生殖行為ではなく、羞恥すべきタブーにして密かな快楽としての性を生きる「人間」になった。

男と女が相対しての性交だろうが、男の後ろに男が重なっての性交だろうが、当人同士には何物にも代えられぬ快感であっても、傍目には醜悪な興奮であって、社会の公道に曝け出すものではない。性行為を見せないのが法律の有無以前の社会常識、社会的合意であるように、性的嗜好

について あからさまに語るのは、端的に言って人迷惑である。私の性的嗜好も曝け出せば、おぞましく変態性に溢れ、倒錯的かつ異常な興奮に血走り、それどころか犯罪そのものでさえあるかもしれない。

私は社会人として通用する昼の顔を持っていると思う――少なくとも新潮45から寄稿を求められる程度には(呵々)――が、夜の顔については、自信と誇りをもって、私が世を憚る格別な変態ではあっても、いかなるカミングアウトによってもその内情を人に公言したり、人権や抑圧などの概念によって社会化、政治化する進歩気取りの馬鹿でだけはない事を明言しておく。

書くべきことは、本当は以上で尽きるが、杉田水脈氏の論文の反響について、若干の私見を述べておく。

「弱者」を盾にする欺瞞

杉田水脈氏の『「LGBT」支援の度が過ぎる』は騒がれ始めた時に読んだ。が、どこが問題なのか、先入観なしの一読では、私には率直な所分らなかった。

読んだ後にネットで調べてみると、中で使われている「生産性」という言葉が論《あげつら》われているのだという。無論、税金には、生産性という観点で救えない弱者に割り当てられる機能もある。そんな事を杉田氏が否定したり知らない筈はないだろう。だが、杉田氏は概して弱者の名のもとにおけるマスコミの異常な同調圧力、それらと連動しながら強化されてきた様々な弱者利権、それがしばしば外国による日本侵食工作と繋がっている事の深刻な害毒と戦ってきた人だ。

氏は「弱者」に一言必ず阿《おもね》らねば発言も許されないようなマスコミの抑圧の危険な裏を暴き続けてきた、その人が、あえて世に問う文章が、辛口になるのは当然だろう。

「弱者」を盾にして人を黙らせるという風潮に対して、政治家も言論人も、皆非常に臆病になっている。「朝日新聞を叩く」「嫌韓本を書く」となれば、一定のメンバーが喜び勇んでその言論戦に馳せ参ずる。手堅いマーケット＝支持層があり、安全地帯からどれだけ「敵」を悪し様に語っても許される構図が確立しているからだ。

こうした構図のできている「プロレス型言論戦」と、本当に同調圧力を跳ね返してでも言うべきことを言うのは似て非なることだ。孤立してでも同調圧力と戦う政治家や言論人となれば、微々たるものである。その中で杉田氏は、多くの人が内心共感しつつも、黙らせられているテーマについて果敢に発言する珍しい蛮勇がある。そして今の同調抑圧社会では、私はスマートな政治家よりも、真の政治的蛮勇を持つ政治家の方が遥かに貴重だと思う。

そもそも、ＬＧＢＴとは何なのか。

レズ、ゲイ、バイセクシュアル、トランスジェンダー――そもそも性的嗜好をこんな風にまとめることに、何の根拠もない。このような概念に乗って議論する事自体を私は拒絶する。

概念を認めた上で、差別だ、権利だ、いやそんな事はないという議論を膨らませていくこと自体が、イデオロギーに乗せられることに他ならないからだ。

周知のように共産党宣言は「今日までのあらゆる社会の歴史は階級闘争の歴史である」（岩波文庫：大内兵衛、向坂逸郎訳）と始まる。もちろん嘘である。「階級闘争」という概念そのものが、又、それを一般化して歴史の法則と見做す見方そのものが、仮説に過ぎない。その結論誘導的なフィクション性を吟味せずに「階級闘争」という概念に乗ってしまえば、議論はマルクスの掌の上で踊り出す。インテリという名前の精神薄弱児たちに言論と政治を乗っ取られた挙句、人類全体がこの概念の上で狂い踊りをさせられ、何十億人が犠牲になったことだろう。

ＬＧＢＴという概念について私は詳細を知らないし、馬鹿らしくて詳細など知るつもりもないが、性の平等化を盾にとったポストマルクス主義の変種に違いあるまい。

何を今更騒ぎ立てる

Homo sapiensの性にはオスとメスしかない。
人間は微生物でも節足動物でも、カタツムリ（雌雄同体）でも牡蠣（雌で生まれ、雌のまま雄または中性へと変化）でもない。こうした極端な希少種を除けば、性には、生物学的にＸＸの雌かＸＹの雄しかない。雄しべ雌しべ以外に、レズしべとかゲイしべというのは無いのであって、Homo

sapiensも同様だ。性別以前に回帰したければ来世はゾウリムシになればよく、雌雄同体に憧れるならカタツムリに生まれればいい。しかし、今はどんなに苦痛でもHomo sapiensである自分を受け入れる他あるまい。

杉田氏は論文でLGBとTを分けるべきだと書いている。そういう議論は多く聞くが私は賛成できない。トランスジェンダーは、現代心理学が量産する様々な心的変容同様、曖昧な概念だ。現状では「身体の性と心の性が異なる人」という定義だが、今後どう概念が揺れるか保証の限りではない。性の不一致が心的事実として一定の確率で存在する事を私は否定しない。だが、それを言うなら、時代との不一致、社会体制との不一致、会社との不一致、家族との不一致も、人生の致命傷となり得る。

性意識と肉体の乖離という心理的事実が実在するからと言って安直に社会が性の概念を曖昧にすれば、必ず被害者を激増させる。現に、性転換をした後に後悔・自殺する人が後を絶たない。社会に使嗾《しそう》されて、一時的な同性愛感情やホルモンバランスの変化を性の不一致と勘違いする例が多く生じるからだ。同性愛者が一定年齢から異性愛に転ずる例も多い。性概念が個々人の中で揺らぐものだからこそ、Tという概念規定で性意識を縛ることは人性への冒瀆《ぼうとく》と言うべきなのだ。

こんなものは医学的、科学的な概念でもなく、ましてや国家や政治が反応すべき主題などではない。文学的な、つまり個人的、人生的な主題である。

むろん、私的な主題が政治的主題だと認識される事で権利概念が拡張されてきたのは一面の事実である。ゾラの文学技法上のリアリズムと社会正義――下層階級や女性の非人間的状態の告発は一体であり、その事を通じて、社会意識が変化するプラス面を否定するつもりはない。しかし、時間を掛けて問いを文学的、思想的な次元で煮詰めてゆく事と、曖昧で私的な主題を強圧的なイデオロギーにして人々を黙らせ、政治問題に転嫁させてゆくのは、正反対の話だ。ゾラとマルクスは全く別の仕事をしたのであって、前者は社会問題を人間化したが、後者は人間の問題を社会化・強制化したのだ。

ましてレズ、ゲイに至っては！

全くの性的嗜好ではないか。

同性愛は知的にも美的にも優れた感性の持ち主に多い。オスカー・ワイルド、アンドレ・ジイド、トーマス・マンの『ヴェニスに死す』などが真っ先に思い浮かぶ。我が三島由紀夫の例もある。自身ゲイだった二十世紀最大のピアニスト、ウラジミール・ホロヴィッツは「ピアニストには三種類しかいない。ゲイとユダヤ人とへたくそだ」と言った。名言だ。カラヤンと人気を二分したレナード・バーンスタインもバイセクシュアルで、ゲイの先輩作曲家コープランド、指揮者のミトロプーロスとのチンなる枕交わしで世に出たと言われる。ワイルドは投獄されたが、ここに挙げたそれ以外の大芸術家たちは歓楽も名誉も極めた。同性愛に厳しく対処してきたキリスト教社会でさえ二十世紀前半、既にそうなっていたのである。

何を今更騒ぎ立てるのか。

社会的な後ろめたさを全て除去したいとでもいうのか。

だが、性に関する自意識など、所詮全て後ろめたいものではないか。古来秘め事という。性行為に関する後ろめたさと快楽の強烈さは比例する。同性愛の禁断、その妖しさは、快楽の源泉でもあるだろう。

ＬＧＢＴの生き難さは後ろめたさ以上のものなのだというなら、ＳＭＡＧの人達もまた生きづらかろう。ＳＭＡＧとは何か。サドとマゾと尻フェチ（Ass fetish）と痴漢（groper）を指す。私の造語だ。ふざけるなという奴がいたら許さない。ＬＧＢＴも私のような伝統保守主義者から言わせれば充分ふざけた概念だからである。

満員電車に乗った時に女の匂いを嗅いだら手が自動的に動いてしまう、そういう痴漢症候群の男の困苦こそ極めて根深かろう。再犯を重ねるのはそれが制御不可能な脳由来の症状だという事を意味する。彼らの触る権利を社会は保障すべきでないのか。触られる女のショックを思えというか。それならＬＧＢＴ様が論壇の大通りを歩いている風景は私には死ぬほどショックだ、精神的苦痛の巨額の賠償金を払ってから口を利いてくれと言っておく。

一方、打擲でショック死しかねない程叩かれなければ性的快感を得られないＭにとっては、性行為は文字通り命がけだ。しかもそこまで命がけなのに尊敬も尊重もされない。好奇心、白眼視の対象だ。両者はある面から言えば、ＬＧＢＴよりも深刻な、脳に由来する社会的、身体的危険を請け負っていると言える。

無論ＬＧＢＴという概念の本音でのゴールは、性的嗜好への白眼視を取り除く事にはないのだろう。結婚という社会的合意と権利の獲得なのであって、他の性的嗜好と違うのはその点だろう。同性婚である。

これは全く論外であり、私は頭ごなしに全面否定しておく。

結婚は古来、男女間のものだ。男女の結合が、親族の結合、一族の結合であり、そのことを通じて共同体として子種を後世に残してゆく。こうした結婚の仕組みは、暴力と隠匿に付き纏《まと》われる性という暗い欲望を、逆に社会の最も明るい祝福の灯のもとに照らし出し、秩序化による安定と幸福の基盤となす、人類の生み出した最も偉大な逆説的叡智である。

「結婚」は、性の対象同士が、「夫婦」という単位の諸々の「権利」を受ける現代国家の人権保障システムでは、根本的にないのである。それは「人権」ではなく、伝統社会が共通して編み出した「叡智」である。

性欲も又、近現代の政治システムが作り出した「人権」ではない。「欲望」である。

自然環境の激甚な破壊が、近い将来、おそらく人類に痛烈なしっぺ返しをする日が来るように、社会慣習の叡智性を顧慮しないかかる激甚な破壊もまた、必ず人類にしっぺ返しをくらわす。再び言う、マルクス・レーニン主義の災厄の責任を誰が取ったのか。いや、後から誰が取れるのか。今また、ごく一部のインテリが煽動して結婚という人類の叡智の核心部分に手を触れる傲慢のツケも、又決して誰一人取るつもりなどあるまい。どこまで無責任な話なのであろうか。

「生きづらさ」は救えない

ＬＧＢＴ法連合会事務局が発表した「性的指向および性自認を理由とするわたしたちが社会で直面する困難リスト（第2版）」（平成二十七年九月二日）というものがある。二六四もの「困難」がリスト化され、法整備に向かって動くという。

こういう「思想」の行き着く論理的帰結はどこか。

「わたしたち」は、ついに「わたし」に至らざるを得ない。

困難を真に感じている主体はどこまで行っても集団ではなく個体だからだ。となれば、こうして「困難」をリスト化して社会に同調を強要し、法整備を求める思想は、最後は「わたし」が直面する困難からの保護を、全構成員が行政や法に求めることに、理論上繋がる。狂気である。

政治は個人の「生きづらさ」「直面する困難」という名の「主観」を救えない。

いや、救ってはならないのである。

個人の生―性―の暗がりを、私たちはあくまで個人として引き受けねばならない。その暗がりに政治の救いを求めてはならず、政治もまた同調圧力に応じてふわふわとそうした動きに寄り切られてはならない。

私的な領域を救うのは、個人の努力とその延長にある共同体の道徳、智慧であり、それはまさに「人生そのものの領分」だ。

政治の役割は生命、財産、安全のような、人生の前提となる「条件」を不当な暴力から守る事にある。

大きな政府論だろうと小さな政府論だろうと、この大原則は揺るがせてはならない。

なぜならば、それは苦痛や生き難さも含めた人生の私的領分という尊厳を権力に売り渡す事に他ならないからだ。

人権真理教の諸君に三度言っておく、あなたがたはそこまで「権力」が好きなのですか。少しは「人生」そのものの味わいに戻ったらいかがですか、と。

二・私を断罪した者たちへ

出版界を揺るがす大事件

最初に、奇妙な構図を指摘しておきたい。

この一年、図らずも、私は二つの言論史上重要な騒動の当事者となった。一つは、昨秋、飛鳥新社から刊行した拙著『徹底検証「森友・加計事件」——朝日新聞による戦後最大級の報道犯罪』が、朝日新聞から名誉毀損を名目とした五千万円訴訟を仕掛けられた事件、もう一つは今回の『新潮45』廃刊事件だ。

一著者が朝日新聞という大マスコミから五千万円の訴訟を仕掛けられるというのは言論史上の事件だろう。もし私が、大マスコミが公然と高額訴訟に踏み切れるほど杜撰《ずさん》な本を書いたのなら、物書きとして抹殺されてしかるべきだし、そうでないのに朝日新聞が個人を訴えたのなら言論抑圧につながる危険なスラップ訴訟だ。

いずれにせよ、これは社会的検証の必要な事件だったはずである。ところが、『月刊Ｈａｎａｄａ』をはじめいくつかの保守系雑誌、産経新聞、夕刊フジ以外の全メディアが、週刊誌を含め、朝日の私への訴訟を完全に黙殺した。私への取材も寄稿依頼もただ一件もなかった。リベラル派のただ一人からも疑問の声は上がらなかった。

さて、今度の『新潮45』騒動も、私の論文が罵倒《ばとう》の対象となり、ネットやテレビでは私を人非人扱い、痴漢の擁護者と決めつけられたうえ、「人間にとって変えられない属性に対する蔑視《べっし》に満ち、認識不足としか言いようのない差別的表現」（『新潮』編集後記、矢野優《ゆたか》氏執筆）とまで断罪された。挙句に事実上、拙稿が原因で雑誌は廃刊にまで追い込まれた。これまた出版界を揺るがす大事件だろう。

ところが、私への出演依頼はＡｂｅｍａＴＶ、「よるバズ！」のみ、取材は『週刊文春』のみだ。それ以外は新聞、テレビ、週刊・月刊誌とも接触さえしてこない。私の声を載せようとの申し出も『月刊Ｈａｎａｄａ』一誌のみだ。

一体、日本の言論はどうなってしまったのか。ここまで本人不在のまま社会的断罪を個人に向けて、何が言論の自由か、多様性の尊重か、タブーに挑戦か。

私のあれしきの表現が、物書きや編集者を軒並み怖がらせたとは情けない。私が踏んでみせた地雷を皆が怖がるから、それでますますそれが地雷になる。沈黙を守ったり、中身の検討抜きに私を罵倒することで、タブーにしてはならぬものがタブーになるのだ。

こんなことで将来、中国などの全体主義権力が日本の政治や司法に手を出してきた時、日本の言論界は自由の砦になれるのか。

寒心に堪《た》えぬ脆弱さではないか。

何の資格で詫びるのか

なかでも、真に呆れたのは『新潮』編集長矢野優氏が書いた、同誌十一月号の編集後記だ。まず主要部分を引用しておこう。

《「新潮45」二〇一八年十月号の特別企画「そんなにおかしいか『杉田水脈』論文」について、小誌の寄稿者や読者から多数の批判が寄せられました。

同企画に掲載された「政治は『生きづらさ』という主観を救えない」において、筆者の文芸評論家・小川榮太郎氏は「LGBT」と「痴漢症候群の男」を対比し、後者の「困苦こそ極めて根深かろう」と述べました。

これは言論の自由や意見の多様性に鑑《かんが》みても、人間にとって変えられない属性に対する蔑視に満ち、認識不足としか言いようのない差別的表現だと小誌は考えます。

このような表現を掲載したのは「新潮45」ですが、問題は小誌にとっても他人事《ひとごと》ではありません。だからこそ多くの小誌寄稿者は、部外者でなく当事者として怒りや危機感の声をあげたのです。

文学者が自身の表現空間である「新潮」や新潮社を批判すること。それは、自らにも批判の矢を向けることです。

小誌はそんな寄稿者たちのかたわらで、自らを批判します。そして、差別的表現に傷つかれた方々に、お詫びを申し上げます（後略）》

編集後記をまるまる当ての、私への全否定だ。本来なら黒子である編集者をあげつらいたくはない。が、ここまでされれば私も黙っているわけにはゆかない。

矢野氏は私を断罪するだけでは飽き足らず、《差別的表現に傷つかれた方々に、お詫びを申し上げます》と私に断りもなしに、なり代わって詫びている。

まず借問《しゃもん》する。これは一体誰が何の資格で詫びているのか。

私は『新潮45』に依頼され寄稿したのであって、『新潮』に寄稿したのではない。『新潮45』は若杉良作氏が編集長だった。廃刊後の弁として、若杉氏が著者である私に相談のうえで何らかの声明を発表するなら理解できる。

逆に、矢野氏が私の文章を一個人として批判するなら分かる。矢野氏が、個人の人格と言葉を以《もっ》て小川榮太郎と対決するなら、私は受けて立とう。

が、私の文章の編集権者でもない矢野氏が、私に何一つ連絡を寄越しもせずに、私の文章について公式の場で詫びを入れる権限は何に由来するのか。

出版界からの村八分

『文藝春秋』に、あるいは『月刊Ｈａｎａｄａ』に、矢野氏が問題だと思われる表現が出てきたら、出版人として「問題は小誌にとっても他人事では」ないとして、その都度、編集後記で著者を断罪し、詫びを入れるのか。矢野氏に編集権がないという意味では、『新潮45』も他社誌も変わりないからだ。

そんなふうに、出版人が著者の頭越しに、詫び入れ合戦を始めたらどうなるか。

朝日新聞が、従軍慰安婦問題や森友・加計報道をしたり、反安倍デモの人数を主催者――実数の何倍もの虚偽数値――発表のまま垂れ流したりするたびに、産経新聞がそれをフェイクと決めつけて、同じ新聞人として「問題は小紙にとっても他人事ではない」と、朝日に代わり詫びを入れ始めたらどうなるか。

ある人間の発言や他社の発信を、他の人や他のメディアが堂々と対等の立場で批判する――これは言論の責務である。が、権限もないのに、発言者当人の頭越しに勝手に詫びる――これは表現者の人権を根本から踏み躙《にじ》る暴行ではないか。

まして『新潮』は創刊明治三十七年、いまさら言うまでもなく日本最長の文藝誌であり――今日の同誌や文壇が見る影もない荒廃に晒《さら》されているとしても――長く文壇の中軸を占めてきた雑誌だ。

ちなみに、私の生まれた昭和四十二年の『新潮』には、三島由紀夫の『豊饒の海』、川端康成の『たんぽぽ』、立原正秋《たちはらまさあき》の『花のいのち』、小林秀雄の『本居宣長』などが連載されている。しかも、これらでさえ絢爛《けんらん》たる『新潮』誌の栄光の一部に過ぎない。

新潮社は人事異動の少ない会社だ。矢野氏は平成十五年以来、すでに十五年『新潮』の編集長を務めている。

文壇中枢の雑誌の編集長を十五年以上にわたって務めている人間は、私のような一介の物書きから見れば、絶大な権力者だ。

私への今回の非難が、その権力の行使であるという自覚は、矢野氏にあるのか。残念なことだが、これから見てゆくように間違いなくあるのである。だからこそ矢野氏の一文は悪質なのだ。

ちなみに『週刊文春』十月十一日号は、私の次の言葉を伝えている。

《私の文章の責任を、新潮社が取る必要はありません。社会的な糾弾に値するなら、私を糾弾すればいい。社長が公表した論評も非常識なものです。そもそも文学とは人を傷つけるかもしれないし、自分も傷つくかもしれない、そういう瀬戸際でやるもの》

私がこの発言をしたのはツイッターその他で、新潮社自体が攻撃に晒され、器物損壊の被害さえ出ていた最中である。

攻撃されている会社を、私は自分の身体一つで守ろうとしたのだ。

ところが、私が身を盾に守ろうとした会社の有力な編集者が、文壇権力を笠に着て、その私を村八分にする。

滑稽《こっけい》な悲喜劇と言うべきか。

しかも矢野氏は、拙文を根本から誤読しているのである。

矢野氏は《小川榮太郎氏は「LGBT」と「痴漢症候群の男」を対比し、後者の「困苦こそ極めて根深かろう」と述べました》と書いている。

断るまでもないが、私はそんな主張をしていない。

私が問題にしたのはLGBT個々の人ではなく、LGBTというカテゴライズの恣意性であり、杉田論文炎上で明らかになったように、LGBTがすでにイデオロギー圧力になっている事態である。該当箇所は、こうした恣意的なイデオロギー圧力を安易に追認すれば、それはついに社会が痴漢やSMを公的に擁護する事態をも否定できなくなるという文脈で語られている。矢野氏が示している理解は、テレビのワイドショーで繰り返された非難よりも程度が低い。

私の主張の根底には、性は究極的な個人性や暴力性の淵源《えんげん》であり、一人ひとりが己の性をマイノリティとして引き受ける他はないのだという思想がある。

だから私は、拙文で私自身のことをまずこう言っているのである。

《私の性的嗜好《しこう》も曝《さら》け出せば、おぞましく変態性に溢れ、倒錯的かつ異常な興奮に血走り、それどころか犯罪そのものでさえあるかもしれない》

ＬＧＢＴは性意識

もちろん、誇張された自己戯画化だ。だが、性的指向と呼ぼうが、性的嗜好と呼ぼうが、いずれも欲望に過ぎない。清らかな性欲や清らかな性交など、この世に存在しない。清らかな絶世の美女がおり、光り輝くばかりの美青年はいるが、彼らが肉体の交わりをしている瞬間は、獣性そのものの発露に他ならない。性は、そのような獣性と暴力性に満ちている。そのような性理解を前提として私の文章は組み立てられている。

それを、矢野氏のように《「ＬＧＢＴ」と「痴漢症候群」の男を対比し》《人間にとって変えられない属性に対する蔑視に満ち、認識不足としか言いようのない差別的表現だ》などと言い始めたら、シェイクスピアはゴネリルによって人間の目を抉《えぐ》ることを正当化しているのか、ドストエフスキーは『罪と罰』において売春婦を侮蔑《ぶべつ》しているのか、谷崎潤一郎は『鍵』で老人の覗《のぞ》きを奨励しているのか。

ついでに指摘しておこう。矢野氏は拙文を指して、《人間にとって変えられない属性に対する蔑視に満ち》と言うが、ＬＧＢＴは変えられない属性ではない。性は手術を通じてしか変えられないが、性意識は可変的だ。そしてＬＧＢＴは性別ではなく、性意識である。

性意識は生涯確定しない。矢野氏は、拙文がトーマス・マンの『ヴェニスに死す』を引例しているのを見落としたのか。アッシェンバッハは妻と娘のいる異性愛者で成功した作家だが、中年に至りヴェニスで美少年タージオに恋をし、恋に殉じるようにコレラに感染して死ぬ。私はいま異性愛者だが、今晩私のタージオに出会い、熱烈な同性愛者にならぬ保証はない。

ましてや、思春期から青春期までの性意識がどれほど不安定であることか。この不安定な性意識を、ＬＧＢＴというイデオロギー的な括《くく》りが固定し、同調圧力と化す危険を私は危惧しているのである。

以上、私の文章に対する《蔑視に満ち、認識不足としか言いようのない》誤読に基づく、最有力文壇誌編集長による一著者の抹殺——。少しは恐れを知るがいい。

言論ではなく「暴力」

しかも、妙な言い訳がそれに付随している。

《このような表現を掲載したのは『新潮45』ですが、問題は小誌にとっても他人事ではありません。だからこそ多くの小誌寄稿者は、部外者でなく当事者として怒りや危機感の声をあげたのです》

矢野氏よ、君は恥ずかしくないのか。

「怒りや危機感」があれば、文章に対しては文章でしっかりと報いる、これが論壇、文壇のモラルであり機能である。そうした文章の応酬があったうえで、社会が拙文を裁き、矢野氏の編集方針を裁き、他の寄稿者らを裁くのである。

矢野氏も貴誌の寄稿者も、私を裁く裁き手であってはならない。編集者も寄稿者も表現を問うことで、社会から裁かれる側にいるのであって、圧力を掛けて雑誌を潰し、著者を放逐《ほうちく》する裁き手の側に立っては決してならぬ存在なのだ。

実際、私の一文は、批判の対象ではあり得ても、言論による応酬の原則を逸脱するような「暴力」ではない。

ところが新潮文藝系の編集者らは署名を集めて『新潮45』廃刊を社長に迫り、文藝系著者らと連携して、彼らから版権引き揚げを含む恫喝を繰り返させた、と私は仄聞《そくぶん》する。

これは「暴力」である。

それでも矢野氏は言うか、小川の一文は《人間にとって変えられない属性に対する蔑視に満ち、認識不足としか言いようのない差別的表現だ》から、「暴力」で潰しても構わないのだ、と。

ところが『新潮45』の編集長と担当者――私の物書き人生でも、卓越した能力、見識に感銘した――に加え、新潮社の校閲《こうえつ》六名は、編集・校閲段階で、誰一人として拙文に差別的な表現としての懸念を指摘していない。私の手元には三度にわたる丁寧な校正が保存してある。

それどころか拙文を世に問うたあとも、私への無数の罵詈雑言《ばりぞうごん》の一方で、きちんと読んでくれた人たちの間では、ＬＧＢＴ当事者を含め、拙文への賛成か擁護がほとんどである。

賛成・擁護の数々

私はＡｂｅｍａＴＶで、Gをカミングアウトしている明治大学の鈴木賢教授と対談をした。『新潮45』にGの立場として寄稿したかずと氏は、番組の感想を以下のように書いてくれている。

《不利な立場にも関わらず、出演してくださった小川榮太郎さん、ありがとうございました。本当なら当事者である松浦大悟さんか私が出演できればよかったのでしょうけど…

今回、鈴木さんと出演されてさぞかしお疲れになったかと存じますが、多くの同性愛者はもっと一般的な考えの持ち主です。機会があればぜひお話ししてみたいものです。

私は今回、小川さんと同じ雑誌に寄稿できたことを本当に嬉しく思っています

今後も応援させていただきます！》（ブログ『うちの旦那はオネエ様』二〇一八年九月二十一日の記事

http://yopparae.sblo.jp/archives/20180921-1.html)

各種ツイッターでも、

《悪戯《いたずら》描きで再燃の新潮話題、今頃見たけど、凄く面白かった。小川さんにほぼ１００％同意だわ》（A/T@日之丸街宣女子@A_T_GUN　九月二十五日）

《散々小川先生の文章を批判したサヨクどもよ、自分たちの読解力のなさを恥じるがいい。ＬＧ

BTは決してイデオロギーではない。イデオロギー化させるな。俺たちは人間だ》（エイジ@Aji60914　九月二十九日）

《小川榮太郎氏の「新潮45」での論考を一読したが、一体何処《どこ》が差別や偏見なのか全く理解できなかった。論考ではサドやマゾ等の生きづらさにも言及していて逆に極めて公平で首肯《しゅこう》できるものだ。氏は性嗜好の多様性を認める立場から「LGBT」という用語のイデオロギー化を批判しているに過ぎない》（ウィル　@日本第一党党員@HUANWIL　九月二十六日）

これらの声は読者や当事者のなかの例外者で、矢野氏こそはマジョリティの声を知っているとでも言うのか。

傲慢《ごうまん》も甚《はなは》だしいが、そうだと仮定しよう。

ところがそうであってこそ、矢野氏のような有力雑誌の編集責任者は、拙文への多様な見解を重んじる姿勢を死守しなければならないのではないのか。私を断罪したり潰すのではなく、意見や表現の多様性を、言論空間において守るべきではなかったのか。

四日で読めるわけがない

だが、矢野氏の私への「怒りと危機感」は、どうも個人的行き掛かりが絡んでいるように思われる。

最後にそのことを書いておきたい。

『新潮』には、高橋源一郎氏の「『文芸評論家』小川榮太郎氏の全著作を読んでおれは泣いた」が掲載されている。

高橋氏は今回、この文章を書くのに、アマゾンで入手できる私の本を四日で全て読んだという。対談を含めて十二冊、単著も九冊ある。飛ばし読みでもしない限り無理な相談だろう。もし「文芸評論家」を正面から論じさせるならば、こんなことは編集者が咎《とが》めるべきことだ。福田恆存《つねあり》や小林秀雄、河上徹太郎をまだ読んだことのない小説家が、彼らを論じるのに四日で十二冊を読み、数日で原稿を書き飛ばす、そんなことが許されるはずがない。こう書けば、お前と福田や河上、小林では格が違うと小鼻に皺《しわ》を寄せて嘲笑《ちょうしょう》する人がいるだろう。それが根本的な錯誤なのだ。

真面目に取り組んだ結果、拙著が愚物の山なら、はっきりそう書けばいい。

しかし十二冊の著書を四日で読むなどという姿勢自体、不道徳そのものではないか。

私がもし矢野氏の立場ならば、著者に対して『新潮45』の小川論文そのものと正面から対峙《たいじ》するよう要求しただろう。世間が叫喚しているなかで、結婚、性、同性愛、表現——様々な主題が煮込まれている一文にまともにぶつかってみる——これこそは「文藝誌」たるものの最低限の矜持ではないのか。

ところが高橋氏は、『新潮45』の拙文からは逃げて、ひたすら舌足らずな揶揄《やゆ》を弄《ろう》するだけなのである。たとえば、氏によれば、私のなかには文学を深く愛好し、他者性への恐れや慮《おもんぱか》りを忘れない小川榮太郎Aと、『新潮45』のような文章を平気で書いてしまう無神経で傍若無人《ぼうじゃくぶじん》な小川榮太郎Bがいるそうだ。苦笑する他のない幼稚さである。

文章も文意もヨレヨレ

文学者たることと、他者性への恐れや慮りはしばしば一致しない。ゲーテもバルザックもトルストイも——つまり歴世の文学者たちは押しなべて——苛烈《かれつ》で残酷だ。他者性への恐れや慮りなど棄《す》てなければ文学などできるものではない。差別表現と認定されることにびくびくしながら仲良くお庭遊びするのは、文壇ごっこであって文学でも何でもない。

私のなかにAとBがいるとすれば、保守主義者として社会の木鐸《ぼくたく》たらんとする小川榮太郎Aと、文学者として他者への慮りなど棄てて人間の業《ごう》と対峙する小川榮太郎Bであろう。

たとえば、『小林秀雄の後の二十一章』のなかには百枚以上に及ぶ平野啓一郎氏の『決壊』論がある。私はここで、平野作品を最大限の「他者性への慮り」を持って丹念に論じた。が、一見礼節あるこの態度こそが、『決壊』がそもそも「文学」でないこと、氏に根本的な意味での才能が欠落していることの暴露として機能しているのである。四日で私の全作を飛ばし読みした高橋氏には全く理解できなかっただろうが。
全体に文章も文意もヨレヨレで、矢野氏はよく掲載したものだと逆に私は感心した。氏が内心侮蔑しているであろう保守系論壇誌——ネトウヨ雑誌とでも陰口をきいているのではないか——の文章も世代交代のなかで劣化が懸念されるが、こんなに「書けていない」文章は見たことがない。だが、何といっても、高橋氏の一文で私が一番驚いたのは次の一節だった。
《この本（小林秀雄の後の二十一章）の中に収められた「川端康成『古都』——亀裂と叙情」は、実は二〇〇三年の「第三十五回新潮新人賞」評論部門の最終候補に残っていたという。その候補作「川端康成の『古都』」について、選考委員の福田和也氏は「冒頭の（…）文章は、もちろん滑稽、諧謔《かいぎゃく》として書かれているのだろうが、そうだとしても失笑をしか誘わない。（…）批評文としても、完成度が極めて低い」とし、同じ選考委員の町田康《こう》氏は、「乙《おつ》にすました文章が、なんでそんな言い方をするのか分からず」としている。小川さんは、書き直したようだが、おれの受ける印象も、十五年前の選考委員諸氏らのそれとあまり変わらない。結局、この文章は受賞を逃すのである》
そして高橋氏は、新潮新人賞を逃した私が、その何年もあとに、新潮社から求められた初仕事が、『新潮45』での文学と何の関係もない主題だったことに、夢破れた文学青年への憐憫《れんびん》を見せて、小川論を閉じている。

この新人賞のくだりは、高橋氏が知る由《よし》もなく、矢野氏が高橋氏に教えたのに違いない。だが、事情は書かれていることとは根本から異なる。一生書くつもりもなかったが、こう辱《はずかし》められたからには当時の事実を書いておく。

寺田英視氏との出会い

「川端康成の『古都』について」は、もともと文藝春秋の寺田英視《ひでみ》氏に持ち込んだ原稿だ。寺田氏は福田恆存全集の編纂《へんさん》者であり、池波正太郎や江藤淳の担当を歴任していた。古武士のような人柄を、私は尊敬しており、氏も私に目を掛けてくれていたと思う。

もう二十年近くも前になるが、その寺田氏に、私は大きな不義理をしたことがあった。寺田氏の乞いで『文學界』の新人小説月評を担当していた私に、氏は小林秀雄と河上徹太郎最後の対談「歴史について」の速記原稿を手渡し、これを素材にデビュー作を書いてみろ、と激励してくれたのだった。

対談直後、河上が体調を崩し、小林が大幅にカットして世に出し、重要な多くの議論が埋もれたままとされていた曰《いわ》く付きのものだ。小林のみが過大視され、思想的営為における同伴者だった河上が軽視されている状況に疑問を持っていた私には、寺田氏の提案は実に魅力的なものだったと言っていい。

ところが、そのしばらくあと、私はかなり深刻な神経症を患う。仕事の継続も困難になるなかで、当時の精神科の投薬治療は信用できず、数年かけて苦心惨憺《さんたん》、自己治療をした。数年後、ようやく脳の苦患から解放され、再び筆を執り始めた時、私は一つのことを決めていた。寺田氏を通じてでなければ、物書きとしてデビューはすまいという決意である。

こうして作品を仕上げては寺田氏に見せる数年が始まる。

「川端康成の『古都』」はそのうちの一作だ。氏はこの作をとりわけ賞賛し、『文學界』に回してくれた。ところが『文學界』からは、新人のデビューとしては『古都』では地味過ぎる、第一作は小林秀雄か三島由紀夫、さもなければ村上春樹を論じてほしい、そのあとなら出すのにやぶさかではない、との返事がくる。

その頃、この三人を論じる気持ちのなかった私は、寺田氏に断ったうえで、私が景仰《けいこう》していた音楽評論家の故遠山一行先生に原稿を見せた。先生はすぐに手紙で、独創的な批評作品だと感想をくれたうえ、『新潮』編集部に推薦してくれた。

遠山先生は、河上、小林の影響下、吉田秀和とともに音楽批評を文藝として大成した優れた批評家だ。美術、文学にも造詣《ぞうけい》は深く、当時『新潮』に連載中だった『河上徹太郎私論』は、今日までに書かれた最も優れた河上論と言ってよい。

『新潮』編集部からは早速連絡がきた。

「優れた作品だが、掲載する大義名分が欲しい。そこで、新潮新人賞の応募作で最終選考に残ったという形にさせてくれないか。今回は目ぼしい候補作がないので、よほどのことがない限り小川さんの作が受賞することになるだろうから」

とのことだった。文壇慣行のいろはも知らぬ私は、言われるがまま編集部に一任した。

それでも、選考の日は何となく落ち着かず、近所を散策していたことを覚えている。携帯電話が鳴り、新潮の編集部からだった。電話の向こうでしきりに謝っている。

福田和也氏の悪罵

選考委員会で、強硬な小川さんの作品への否定論が出て受賞とならなかった、本当に申し訳ない、ついては矢野からお詫びとご説明を申し上げたいので、弊社まで足を運んでくれということであった。

いま思えば、この年、矢野氏は丁度、編集長就任直後だったのだ。

私は一体、選考委員に誰がいたのか訊いた。選考委員の顔ぶれも知らなかったのである。しかし謎はすぐ解けた。委員のなかに、福田和也氏の名前があったからだ。

福田氏とは一面識もなかったが、同人誌で私が氏を批判し、氏の弟子が私の家に出入りするなかで物別れする等、悪縁が重なっていた。私の「落選」は、間違いなく福田氏による私への意趣返しだと直感したが、その直感が正しかったことは、先ほどの福田氏の選評を見ても分かる。私は福田氏の悪罵《あくば》に遺恨を持たなかった。作品に自信があったからだ。

さて、新潮社を訪れた私は控室で待たされた。そこに転がり込むように飛び込んできたのが、矢野君、君だったではないか。

顔を真っ赤にしながら「申し訳ございません」と全身で詫びを入れる君の手は激しく震えていたね。

私は呆気《あっけ》に取られたことを覚えている。編集部が悪いのでも矢野君が悪いのでもない。その頃、文壇政治を牛耳《ぎゅうじ》っていた福田氏が、私にあれほどの悪罵を投げつければ、新人編集長にはどうしようもなかったであろう。どこかに掲載してほしかっただけで、賞を取りたかったわけでもない私は、太宰治のように泣き喚《わめ》きも転げ回りもせず、苦笑を浮かべて君を眺めるばかりだった。

あの時の君は、無名の私に、まるで自分の罪科であるかのように詫びを入れ、誠意の限りを示してみせてくれた。矢野君、あの君はどこに行ったのか。

編集長の権限を用いて、一著者を侮辱し、文壇から葬り去ろうとするほどの暴力を用いる君に、一体いつ変質してしまったのか。私が駄作を応募して新人賞を取り損ね、新潮社に片恋《かたこい》を重ねてきたかのような嘘っぱちで嫌味な文章を、事情も知らぬ高橋氏に平気で書かせる君に、一体いつ変質してしまったのか。

君がまだ、出版人として書き手の下座につき、社会へと物書きの仕事を取り次ぐ謙虚さに降り立てるかどうか、君に出版人としての誠と矜持が残っているかどうか、私は君に問いたいと思う。私のこの公開質問状に、答えてくれたまえ。『新潮』誌の編集後記は文学史に残る。君は、文学史において、私を裁いたことになるのだ。言いっぱなしで逃げることは、私のみならず、日本の文学史が許さない。言論の責任を身を以て示してほしい。

三、封殺された当事者たちの本音　松浦大悟氏との対話

LGBT左派の活動家

小川　私と松浦さんはまったく違う立場で、松浦さんは同性婚の法制化を求めて活動されてきましたが、私は同性婚に反対です。それでも、対話ができることを示したい。異なる政治的意見を持つ人に罵詈雑言を浴びせる異常な空気が蔓延《まんえん》するなかで、この対談が言論を守る風土を日本に再生させるきっかけになればと願っています。立場が違うからこそ理解できることもあるし、議論も深まる。それが言論でしょう。

松浦　対話こそが理解を深める、というのが私の立場です。ＬＧＢＴ左派の活動家は、「杉田水脈《みお》議員の主張は徹底的に潰すべきだ、アメリカでも対話は無駄に終わったことは歴史が証明している」などと言います。

しかし、歴史の短いアメリカと異なり、日本では近代以前の長い間、同性愛に寛容な文化を育《はぐく》んできた背景の違いがある。江戸時代の衆道《しゅどう》や歌舞伎の陰間《かげま》、織田信長や伊達政宗の記録、西郷隆盛にも月照《げっしょう》という僧侶との、男性同士のロマンスが出てきます。

長らく宗教によって同性愛が罪とされてきた国々とは背景の異なる日本に欧米型の抗議活動がなじむのか、疑問です。たとえば、自民党本部前で行われた杉田論文への抗議デモに、ＬＧＢＴから反発の声が上がりました。安倍政権打倒のプラカードや自民党への激しいアジ演説に対して、「杉田論文には抗議したいが、あれでは自民党支持の私は参加できない。当事者のなかには保守も大勢いることを知ってほしい」と。

カミングアウトせず、普通に働き、政治的な意見表明をしない人々の存在を無視して、あのデモがＬＧＢＴの代表のように報じられたことに違和感を持つ人は多い。

小川　重要なご指摘です。ＬＧＢＴのなかでも、自分と社会との関係をより生きやすい方向に調整したいと願う、穏健な多数派は無視されがちなのですね。このままでは、ＬＧＢＴを安倍政権打倒に政治利用する少数者に、運動が乗っ取られかねません。ＬＧＢＴ問題が極左のイデオロギー闘争に利用され、多様な意見がかき消されてしまう。

私はいま、『新潮45』での表現の一部を切り取られて差別主義者と断定されていますが、あの文章を読んでいただければ、LGBTそれぞれへの差別的な表現は一カ所もないとわかるはずです。ただ地口《じぐち》や揶揄《やゆ》を使ったので反発された。私は、性愛のあり方を固定化してイデオロギーに変え、同調圧力を強める事の傲慢と危険を批判したのです。杉田論文が真に良質な議論を巻き起こしたのであれば、あんな書き方はしません。短い文章の「生産性」というひとことで、二カ月間も一人の人間が指弾され続けた異常さを告発する声が左右いずれからも出ないのは一体なぜなのか。

リベラルの専有物か

松浦　しかし小川先生の『新潮45』の論文では、当事者間でも意見の分かれるテーマをきちんと指摘されていました。たとえばレズビアン、ゲイ、バイセクシュアル、トランスジェンダーを、LGBTと一つにまとめる必要があるのか、と書かれていました。
数で劣るマイノリティが政治的に優位性を示す必要性に迫られ、運動の方便として単一のカテゴリーで括《くく》るようにしたわけですが、実際はそれぞれ別々の問題を抱えており、支持する政党もバラバラ。ところが、LGBTを語るのはリベラルの専売特許のようになり、野党幹部もある時期からLGBT運動に急接近するようになって、左へと政治的な水路づけがされました。当事者の多くがそれに違和感を持ち、野党が自分たちを囲い込もうとしていると感じています。メディアも、LGBTはリベラルの専有物というイメージを意図的に流布《るふ》している節もあります。

たとえば、メディアにはLGBTのリベラル系の論客しか登場しません。明らかにバイアスがかかっています。LGBTのなかには保守の論客もいるのにとりあげられないので、LGBT＝リベラル、という先入観が広まる。こうした偏《かたよ》った状況では、議論を深めるのは難しいと思います。

もし『新潮45』が休刊せずに続いていたら、私はLGBT保守の論客を編集部に紹介し、その主張を掲載してもらおうと考えていました。いまの言論空間に完全に抜け落ちている議論だからです。

小川　それは残念です。今回、私の表現が炎上し、同誌は事実上の廃刊に追い込まれましたが、一説によると左派が本当に表に出したくないのは松浦さんの主張なのだそうです。小川バッシングは見せ球で、実は松浦さんが展開したかったような議論の存在を広く知らせないために急いで潰した、という話を聞きました。

松浦　小川論文では、ホモサピエンスの性にはオスとメスしかない以上、性の概念を曖昧にすべきでないと書かれていました。これはＬＧＢＴがジェンダーフリー論を主張するのを警戒した記述かもしれませんが、実は男性／女性の性別二元制を壊したいと思っているＬＧＢＴはほとんどいないのです。もし保守の方々に誤解があれば、解いておきたい。

小川　大事なポイントです。

松浦　ＬＧＢＴはジェンダーフリー論者ではなく、性別の二元制がなくなると困るのです。ゲイは男らしさ、より強い男性性を求め、レズビアンは女性性を求める。性愛の対象としてゲイは男性、レズビアンは女性を選ぶ。トランスジェンダーの場合、性別適合手術を受けたあとは社会に溶け込んで、男性あるいは女性として生きていきたいので、性別二元制がなくなると困るのです。ですから性別移行したことがわからないよう、普通に暮らしていくのを望みます。

それとは別にＸジェンダーの方々は、男性女性の区分けに対して苦痛を感じていますが、それでも性別の基本軸がなければ、自分が何に違和を感じているのかすらわからなくなります。性別がなくなると、対抗すべき基準も失われますから、より一層困難な状況になると思います。

「指向」と「嗜好」

松浦　もう一点、小川論文で性的嗜好という言葉が使われたことについて、「指向」の間違いだから訂正せよと激昂《げっこう》した人がいました。でもこれは、世の中にわかりやすく伝えるために、あえて行った便宜上の分類です。本当は、性的嗜好と性的指向を分けることはできないのです。

小川　私を叩いた人たちは、まるで両者を分けない事自体を罪のように大騒ぎしていました。

松浦　当事者が生き残るために、運動の戦略として指向と嗜好を分けた経緯を若い人たちは知らず、ベタに受け取っている可能性があります。

小川　その可能性は高いですね。

松浦　なぜ嗜好と指向を分けるようになったのか。戦前・戦後を通して、ゲイの多くは結婚し、趣味として男色文化を楽しむことが多かったようです。しかし近年では、性的嗜好からこぼれ落ちる人たちが増えました。

小川　建て前としても女性とは結婚できない、したくない、と。

松浦　はい。自分の人生をどう生きたいのか、という実存的な問題が浮上する。それはゲイ雑誌の変遷からも見て取れます。かつての『薔薇族』は伊藤文學さんというノンケの編集長の、可哀想なゲイを救済する発想で生まれた雑誌でした。グラビアが豊富で、多くのゲイはそれを見て性的欲望を満足させていたわけです。

しかし九〇年代以降、それに不満を持つ若い世代が出てきます。自分たちの存在とは何なのかを強く意識し、自分たちの時代にふさわしい新しいライフスタイルを作ろうとする人々が集まったのが『Ｂａｄｉ』でした。

可哀想だと眼差《まなざ》されるのを拒否する当事者としての主体が生まれ、それまで世間的に、四六時中セックスのことを考えているように誤解されていたゲイが、セックスは自分のほんの一部分で、それ以外の人生を充実させたい、自分たちはセックスモンスターではないと訴えるようになります。そのアピールのなかで性的嗜好と指向を分ける必要があり、運動戦略としてそうしたのです。意図的な分類だと、当時の当事者は暗黙にわかっていました。

小川　一方、嗜好と指向を区分することが欧米で重視されてきたのは、同性愛を非犯罪化する法改正と連動していたのではないでしょうか。同性愛が単なる嗜好なら非犯罪化の運動がやりにくいので、選びようがない切実な問題だと強調する戦略がとられた。私を叩いた人たちは、苦しかった運動の歴史を理解していないことになりますね。

松浦　おっしゃるとおりです。

ＬＧＢＴ研究者の愚行

小川　マイノリティを尊重しようという説に、反対する人はいません。でもそこから先に、マルクス主義と似た構造が発生します。労働者が搾取されている状況の改善には、ほとんどの人が賛成するでしょう。しかしマルクス・レーニン主義は、搾取されてきた労働者が暴力革命を起こし、専制することを目指します。人類を解放する目的のためなら専制権力を握って当然という理屈は、真の意味で労働者を解放することにはならないし、実際、解放できませんでした。

同様に、マイノリティの苦しみに耳を傾け、対話しながら解決しようとする運動に私は賛成するし、今後も必ず、寄り添うつもりでいます。

しかしその運動が暴走し、「その発言は差別だ、少数派を傷つけた」とマジョリティを問答無用で黙らせるように変質するのは、騒ぐ人たちの権力闘争の手段に使われるだけで、マイノリティの尊重にはつながりません。結局は、ＬＧＢＴの当事者を置き去りにするでしょう。

松浦　たとえばアニメや漫画の愛好者から、自分たちも性的マイノリティに加えてほしいという意見が出ています。自分たちは生身の人間に性的指向が向かない、二次元のキャラクターしか性愛の対象と感じないのだから性的指向だ、と。しかし、ＬＧＢＴの研究者は頑なに拒絶します。ＬＧＢＴが名誉白人のような形で一級市民になるために、彼らは趣味嗜好の性的嗜好であり、性的指向ではないと線引きする。それは恣意的ではないかという議論です。

自分たちが生き残る戦略だからといって、困っている他の性的マイノリティを切り捨てるような真似をすべきではありません。当事者の多くはそこに気づいていません。

小川　LGBTの方々は、いまの日本で何が問題だと考えていますか。

松浦　具体的にはさまざまな制度の不備があるのですが、最大の問題は国家による承認がいまだなされていないことです。いじめられて育ち、自己肯定感を持てない人が多い。自分たちの生の承認がほしいのです。

小川　それはカミングアウトしてからではなくて？

LGBTに冷淡な野党

松浦　小学校、中学校で、子供たちは敏感ですから違いを嗅《か》ぎとる。私もそうでしたが、いじめを気にして生きてきた抑うつ感を大人になっても抱えている人は多く、国家が制度を作って丸ごと承認すれば、格段に生きやすい社会になるはずです。

小川　国家による承認をより具体的に言うと、性意識の多様性や、当事者が抱える問題が知られていないから、子供のいじめの対象になったりする。それを解消するために、アイデンティティとして存在することを教える。社会のなかで一定数、確実にいることを教育していく、という内容になりますか。

松浦　はい。ただし、弱者救済ではないのです。私たちはフェアな扱いを求めているわけで、決して特別扱いをしてもらいたいわけではありません。杉田議員がツイッターで、「LGBTは弱者なのですか」と問いかけたのは的を射ています。
たとえばNHKは、いまだにLGBTをEテレ（教育テレビ）の福祉枠で取りあげるのですが、「私たちは福祉の対象ですか？」という違和感がある。いまは同性愛の情報も豊富ですから、小さい頃からクラスの人気者で、社会人としても成功し、週末にはホームパーティで仲間と一緒の写真をSNSに上げるような充実したゲイも普通にいるわけです。国家に承認してほしいのはまさにその部分で、平等に扱ってもらいたいだけなのです。

「LGBT利権」を政治利用

小川　LGBTという概念も、いずれ解消して消えていくことが本当の問題解決でしょう。LGBTという概念や観念を作ると、いずれLGBT利権が生じて、LGBTを政治利用し続けようとする人たちに看板を取られていきますよ。性意識は偽装することもできますから。
本当に当事者が求めていることは何か、松浦さんにお訊きできたのは今日の大きな収穫です。当事者の本音をもっと伝えるメディアが必要で、それぞれが真に望むことが社会に自然に伝わるようにしないと、いまのままでは確実に悪用される弊害のほうが大きくなるでしょう。

松浦　先ほど、小川先生は同性婚を認めない立場だと言われました。私たちがなぜ同性婚を求めるようになったか、お話ししたいと思います。

人はなぜ結婚して家族を作るか、不安が基礎にあるからだと思います。一人で生きていくことの不安への対処と、もう一つ社会的な安定性のために結婚制度ができたと思います。同性愛者も一人で生きていくことに不安があり、パートナーを求め、さらに制度的に承認されることで安定性を求めたいと考えているわけです。

異性愛者の結婚制度の枠組みのなかに同性愛者を組み入れることは、私は可能だと思います。それは決して結婚制度を壊すことにはならず、むしろ社会は安定するでしょう。同性愛者が国家に承認されると、自分たちを認めてくれた国家に貢献したい気持ちになります。諸外国でもそうで、しかも日本では昔から同性愛に寛容な伝統がありますから、欧米のような激しい反発が起きることはないと思いますが、小川先生はどうお考えですか。

イデオロギー化する危険性

小川　不安があり、社会に帰属する場所がほしい、パートナーの存在についても社会的に一定の位置を考えるべきという議論までは賛成です。しかし、同性婚の承認には反対です。いずれにせよ、社会的承認の是非については長い時間を掛けるべきです。人類の長い歴史で、同性婚という制度は一度も検討されてきませんでした。他方、近親相姦のタブーは世界中で工夫され、それぞれの社会で確立されています。同性結婚はタブー以前に、観念すら近年まで生じなかった。この事実は重い。なぜ人類は同性結婚を埒外《らちがい》としてきたのか。

『新潮45』で論じたように、結婚は男女の性愛の寿《ことほ》ぎと多産への祝福、聖化の機能が最大のものであり、女の子にとってもその親族にとっても生涯の一つの目標、頂点であり続けてきました。これは古今東西変わりありません。単なる社会保障制度ではない。欧米のように同性愛を最近まで犯罪扱いしておいたのが、今度はいきなり同性婚の法制化に突っ走るというような拙速は避けるべきです。

松浦　そのもう一歩手前のカジュアルな制度で、フランスなどで採用されている同性パートナーシップについてはいかがですか。

小川　これまで、その問題を考えたことがないのですが、社会のなかに位置を得たいというお話はよくわかりました。しかもそれが、割合から推定すれば、日本で少なくとも数百万人いるわけですから、これほど多くの人が制度的にまったく位置づけられなくてもかまわないというのは保守ではありません。今後、十分検討していく必要があると思います。

松浦さんは、社会で保障されないからゲイがフリーセックスになる面があるとも指摘されていますが、たしかにそのとおりで、結婚制度があるから人は自己拘束をしていく。気が付かなかった視点で、なるほどと思いましたね。

対話による理解を拒む人達

松浦 それは非常に心強いお話をいただきました。

いま、ゲイのセックス経験人数は平均でだいたい三ケタだというのが私の実感です。若い頃はあまり考えもなく、快楽主義者としてやっていけますが、年齢を重ねるうちに刹那《せつな》的な生き方に疑問が生まれ、自分の人生はこれでいいのか、特定の人とパートナーになり、添い遂げたいと考える人たちが、時代を経るごとに増えてきたのです。

そういう人たちを国家としていかに包摂《ほうせつ》していくか、重要な課題だと思っています。結婚制度が欲望に一定の枠をはめる役割を果たすとすれば、同性愛者の人たちを制度のなかに入れることで、新しい人生のあり方を実現できる人が増えるのではないかと思います。

小川 それは理解できます。こういう議論こそ必要なのに、左派も保守派もやろうとしませんね。声高な権利の主張か、杉田さんや私を叩くか、怖がって言及しない人ばかり。

松浦 私はいま、リベラルと保守の言葉を相互翻訳できる人が待望されていると思います。国会を見ても、かつての提案型の野党の理念は消え、対決型の五五年体制時代に逆戻りしています。それに呼応するように、LGBT運動もイデオロギー色が強くなり、分裂状態です。

小川　そして松浦さんが書かれたように、野党のLGBT法案は人権擁護法案的な、内心の自由に立ち入るものです。議論をもっと詰めるべき点が今日だけでも無数出ました。さらにじっくり議論を重ねたいものです。

松浦　小川先生は真の意味でのリベラルですね！　感動しました。いまのお話が正しく伝われば、多くの人の誤解は解けるでしょう。ぜひ、私のなじみの新宿二丁目のゲイバーに一緒に行きませんか。みんな喜ぶと思います。

小川　ぜひ行きましょう。でも、目覚めちゃったらどうしよう（笑）。

四．出版社の自殺、言論の自滅

当人不在の集団いじめ

福田恆存《つねあり》の絶筆は、『新潮45』に寄せた「某月某日」という日記風の文章だった。平成四年十一月号である。いかにも福田らしい言葉の所作で読ませるが、時代への絶望と永訣《えいけつ》の悲しみがそこここに感じられる。

言葉の乱れや外来語の氾濫《はんらん》を嘆きながら、福田はそれを揶揄して「この情勢ではあと一世紀もしたら、日本語はつひに『ボトム』を極めることであらう」と慨嘆《がいたん》する。

一世紀どころかそれから僅か四半世紀、今回の『新潮45』廃刊とその後の月刊誌の後追い寄稿を見ると、まさに「ボトム」の惨状に言葉を失う。

が、これでもまだ「ボトム」ではないのだろう。ある国家や文明の歴史が終わる時、言語と思想は鼻歌交じりに坂道を転げ落ち続ける。なかにいる言論人たち自身、自分が転げ落ちていることも知らぬままに。そしてまさに今回、鼻歌のような気軽さで全てが運び続けたと言っていい。

『新潮45』休刊、あるいは私がそこに寄せた「政治は『生きづらさ』という主観を救えない」を論じた雑誌は、管見の限り実に九誌、寄せられた稿は二十本に及ぶ。驚くべきは、私への寄稿依頼、インタビュー、対談申入れが、『月刊Ｈａｎａｄａ』以外ゼロだという事実である。

私は「事件」でも「犯人」でもない。私の「論文」が問題になったのなら、十誌が私を取り上げながら、ただ一つも私への接触がないというのは、当人不在の集団いじめに他なるまい。

全てに目を通す余裕はなかったが、本質を穿《うが》つ原稿は、管見の限り見当たらない。

この問題の本質は二点だ。

第一に、たかが拙文のごく一部の「表現」が原因で、たった一週間で雑誌を潰すなど、出版社の自殺、言論の自滅であって、沙汰の限りである。雑誌は様々な言論の顔見世をするのが役割で、これを裁くのは読者であり、広い意味での社会である。そんな弁《わきま》えもない新潮社と文壇・論壇人たちの良識の欠如、これが問題の本質の第一点だ。

『新潮45』は昭和五十七年の創刊以来、通巻四百三十八号、最終号では四十四本の原稿が並ぶ。今日まで合計一万七千本ほどの文章を掲載してきたはずである。それを新潮社にとってはぽっと出の書き手に過ぎない私の五頁の文章を掲載したかどで潰すとは、どういう軽重の感覚の麻痺《まひ》だろうか。歴代の心血を注いできた編集者、物書き、愛読者らに対し、一体どのような申し開きがあるのか。

『新潮45』を潰すために動いた作家や編集者らは覆面を取り、名乗りを上げるべきだ。君たちは一体、一つの雑誌を営々と積み上げてきた人たちの思いを何と心得ているのか。陰でこそこそと、あまりにも卑怯《ひきょう》ではないか。

対話を拒否して非難だけ

本質の第二は拙文の「理解」だ。

「理解」なき断罪は言論ではない。何が書かれており、それがどういう論理と言語表現上の問題があるから批判されねばならないのか。私の文章が雑誌一つを潰す原因となったというのだ。精密な読解が前提とならねばならない。

ところがどうだ。私の文章について論理内在的な読みを示して、私の文章がどのように糾弾に値するかを指摘した文章は一つもない。

『新潮』二〇一八年十一月号で、私を全面的に非難する異例の編集後記を発表した編集長の矢野優《ゆたか》氏は、『月刊Ｈａｎａｄａ』編集部のインタビュー申込みを拒否してきた。

一方、矢野氏が編集した『新潮』十二月号には、「差別と想像力　『新潮45』問題から考える」との七本の論文による特集が組まれている。

《今回、「新潮45」問題を契機に、文芸誌として差別と文芸の問題について考えるため、本特集を企画した。七人の寄稿者による真摯《しんし》な発言が、七色の虹のような言論の多様性を生むことを願う》

七色の虹には失笑した。『新潮』はいつから、論争を七色の虹などと表現する少女趣味の雑誌に堕《だ》したのか。

しかも読めば、七色の虹どころではない、『新潮45』の編集方針と私への非難一色だ。矢野氏は私を公式の場で全面否定し、インタビューは拒否し、批判一色の特集を組み、それを「七色の虹」と自賛してみせた。一体、これのどこが言論であり文藝なのだろう。

彼らが非難する『新潮45』十月号の七本は、実際には杉田擁護というよりは、杉田叩き現象の多面的な分析だ。全ての議論が別のベクトルを向いていた。ところが、『新潮』十二月号の七本の論文は――千葉雅也氏の率直だが葛藤に満ちた寄稿を除けば――そうした多様性がまるでない。

特に、星野智幸氏と中村文則氏の文章は酷い。

星野智幸氏「危機を好機に変えるために」――谷崎潤一郎賞の授賞式でのスピーチをもとにしたものだそうだが、政治的「嘘」の典型である。氏はまず杉田水脈氏の論文が掲載された時のFacebook投稿を紹介する。

《「今回の杉田議員の発言の後、セクシャル・マイノリティに対して差別発言をしていいのだ、という空気が醸成され、実際に差別発言をする政治家等が次々と現れています。そういう空気を作り出したのが『新潮45』であり、その責任は大きいです」（七月三十一日付）》

そんな空気は醸成されていない。

たしかに、松井一郎大阪府知事、自民・谷川とむ議員など若干の政治家の「問題発言」が続いたが、それらは空気になどなっていない。事実、二人ともすぐ撤回か沈黙に入っている。醸成されたのは、寧《むし》ろ、「生産性」という用語一つで杉田氏をどれだけ叩いてもいいという「空気」だったのではないのか。しかも、それは延々と続く。八月二十四日に至っても、フジテレビ「バイキング」はこんな調子だ。

東 国原英夫氏《ひがしこくばる》「差別とか偏見とか、蔑視なんですよね。（略）根本的な、もう憲法違反と言っても過言ではないくらいの話なので」

坂上忍氏「炎上商法おばさんとかなんですか？」「あんたを税金で養っているほうが生産性がない」

具体的に示してくれ

どんな発言であれ、一人の人間の一単語の使用がこんな調子の暴言で叩きのめされるとすれば、恐怖社会そのものではないのか。その点への感度が全くない論文だけが並んでいる。これは他の全雑誌に共通する。

私の文章の挑発的言辞を捉えて、「他者感覚」の欠如をしたり顔で論評する人が他誌も含め何人もいたが、その前に一語で一人を徹底的にいびり抜く言論空間をどう思うか、全員、はっきり答えてくれないか。

さらに星野氏は次のような嘘っぱちを並べて怒ってみせている。

《「新潮45」10月号で、さまざまな批判に対し開き直ったような特集が組まれたのを見たときは、怒りで目がくらみました。杉田論文以降、セクシュアル・マイノリティの友人たちが心砕かれていることに、私も苦しんだし、真摯な批判をあざ笑う「新潮45」特集の態度に、裏切られた思いでいっぱいになったからです》

星野氏に借問《しゃもん》する。杉田氏への「真摯な批判」というのは、誰のどの論文のどういう議論を指すのか。また、《真摯な批判をあざ笑う「新潮45」特集の態度》と書いてあるが、それぞれの論者のどこが「嘲笑い」かを具体的に示してほしい。それが批判の最低限の作法だ。

もちろん、氏が暗に批判しようとしているのは私である。

次のような部分が、まさにその批判に該当するのであろう。

《例えば、ドメスティック・バイオレンス（ＤＶ）の加害者である男を、それは人間のどうしようもない本性だ、というように書いたら、それは善悪の彼岸ではなく、ただ古臭い価値観に縛られて暴力を正当化しているだけになってしまう》

これはさしずめ、私の文章が痴漢を擁護だという流布された誤読を、ＤＶに置き換えての批判だろう。

開いた口が塞《ふさ》がらないとはこのことだ。まず、私がどのような暴力であれ、《それは人間のどうしようもない本性だ》と書いて《暴力を正当化し》たとすれば、それは《古臭い価値観》とは全く関係がないだろう。

星野氏の「古臭い価値観」が何を指すのか知らないが、少なくとも「古い価値観」の代表例たる『論語』『孟子』にも、モーゼの十戒にも、ウパニシャッド哲学にも、『スッタニパータ』にも、「暴力の正当化」など存しない。暴力への戒《いまし》めは寧ろ文明の成立とともに古く、それは「古臭い価値観」ではなく、おそらく「永遠の価値観」である。

「痴漢」の犯罪化は新しい

いうまでもなく、私の文章は暴力も人間の本性の一部だから正当化すべきだ、などという幼稚な理解を想定して書かれていない。

逆説や揶揄を用いつつも、私は性の孕《はら》む根源的な暴力性や、性を巡る社会観念の流動性を理解し、安直な社会圧力、政治圧力にするなと言っているので、暴力の正当化とは何の関係もない。

あとでも触れるが、西洋社会では同性愛は長年犯罪であり、精神疾患扱いであった。逆に、私が擁護したとして非難囂々《ごうごう》となった「痴漢」の犯罪化は新しい。

《一八九〇年代以前は、性的な意味合いはほとんどといっていいくらい希薄であった「痴漢」という語が（略）一九三〇年代に現在のような意味になったということが明らかになった。それが社会問題化し、盛んに論じられるのは一九五〇年代以降であること、一九六〇年代以降は小説などでも「痴漢」が頻繁に描かれるようになること、なども明らかになった》（「痴漢」の文化史：「痴漢」から「チカン」へ／岩井茂樹『日本研究』No.49（2014）内容記述より）

とりわけ、痴漢＝犯罪という認知の決定的な契機は、一九九五年の「チカンは犯罪です」という啓蒙キャンペーンである。痴漢が犯罪だという啓蒙が必要だったのが二十年前に過ぎない一方で、その前後まで欧米では同性性交は犯罪だったのである。

私が強い調子で難じたのは、LGBT概念が日本で突如振り回されているいかがわしさであり、マスコミを占拠する左派が新たな人権圧力としてこれを利用しようとし始めているその権力性である。その事に関してただの一つもまともな議論や反対提議が見られない。絶望的な論・文壇の貧寒ぶりであろう。

その次に掲載されている中村文則氏の「回復に向けて」。これも実に酷い。

《『新潮45』の休刊で、「言論には言論で」という言葉を時々聞く。通常はその通りだが、それはその言葉なり文章なりが、議論に値する「言論」となっている時に限られる。

たとえば、ひたすら「馬鹿」とだけ繰り返し書かれた駄文があったとする。これに対しては、何やってんだやめろ、となるだけであり、言論には言論で、とはならない。（中略）

ではあの小川氏の文章がどうだったかというと、僕は言論に値すると思わなかった》

中村氏によると、拙論は《「馬鹿」とだけ繰り返し書かれた駄文》と同列であって、言論で応える必要はないという。

こう決め付けて異論を排除できる社会の到来をファッショというのである。しかも氏の示す根拠は、悉《ことごと》く誤っている。

性でなく性意識の問題

氏は拙文について、次のように言う。

《人間には「XXの雌かXYの雄しかない」と事実誤認をし、性的嗜好と性的指向を混同し、LGBTと犯罪の痴漢を同列に扱い、しかもそんな言葉を吐いているのに、LGBTという概念について詳細を知らないし知るつもりもないと書いている。差別的であるだけでなく、論理の飛躍も多過ぎ、質が酷い。バーコードをつけて売る文章のレベルになく、意図的に腐ったオカズを売った弁当屋を思わせる》

そもそも、拙文の《LBGTという概念について詳細を知らないし知るつもりもない》という文言を、そのまま受け取っている幼稚さはどうだろう。言うまでもなく、これは近代批評の常套《じょうとう》手段としての反語である。サント＝ブーヴ、ボードレール、ニーチェであれ、小林秀雄であれ、俗論を叩き切る時の馴染《なじ》みの挨拶ではないか。

中村氏の拙文への非難で一番肝心なのは、《論理の飛躍も多過ぎ、質が酷い》という点だろうが、氏はその点を具体的に一つも挙げていない。中村氏の指摘する個々の私の事実誤認や概念の混同なるものは、質の酷さを証し得ないし、氏の指摘は全て間違っているからだ。

そもそも人間という種について遺伝子を基準に性別という概念を用いる以上、雌雄しか存在しない。ＸＸとＸＹ以外は染色体異常である。雌雄と別の性構造、別の性意識があるわけではない。ましてＬＧＢＴは染色体配列の問題ではない。

だからこそ、私はそれを性の問題でなく性意識の問題だと指摘しているのだ。中村氏は何が言いたいのか。あえてＬＧＢＴは染色体配列の問題だという差別的珍説でも唱えたいのか。

また、「性的嗜好」と「性的指向」を私は混同していない。私は原則として前者を採用し、後者を使わない。

二十世紀初頭、欧米で「性科学」が発達するにつれ、同性間の性行為を「罪」と見なしたり、法的に罰してきたことが見直されたりし始めた。その結果、同性愛を精神障害と見なして治療対象とする「同性愛の病理化」が推進される。ＷＨＯの「ＩＣＤ」（疾病《しっぺい》及び関連保健問題の国際統計分類）では、一九八〇年代まで、同性愛は医学上「精神障害」とされていたのである。

一九九〇年頃を境に、ようやく同性愛は人間の「セクシュアリティ」のあり方の一つとして捉えられるに至り、精神疾患との認定が改められ、同時に非犯罪化が進む。この運動のなかで、同性愛は自己選択という意味合いのある sexual preference（性的嗜好）ではなく、当人の自由にならぬ sexual orientation（性的指向）である、という理論武装が図られた。

用語を強制してくる

日本には、同性愛を罪や精神疾患と見る歴史は存在しない。貴族社会、仏教教団、武家に広く同性愛は見られ、黙認されてきた。犯罪や疾患と見なされていた性的傾向を社会に公認させるために、preference とorientation を使いわけなければならなかった欧米と、事情が全く異なる。

そもそも、同性愛を犯罪扱いし、さらには精神疾患と見なしていたと思いきや、次には権利の主張となり、ついには preference という言葉を用いるだけで差別主義者呼ばわりされるなどという近年の欧米オピニオンの振り幅そのものが異常なのである。なぜ、日本がそのように極端にぶれる欧米と足並みを揃える必要などがあるのか。

いうまでもなく、私は今後も「性的嗜好」を用いる。なぜなら性的な傾向が「指向」であるかどうかなど、当人も蓋棺《がいかん》のその日までわからないからだ。性を広く嗜好として楽しむルーズさこそは、日本の性意識の強みだった。なぜ、統制狂のように、それを「指向」として一義的に縛らねばならないのか。

もちろん、私はだからと言って、「性的指向」という表現を用いる人の魔女狩りなどは決してしない。

いま、したり顔で私の用語法を難じている人たちは、語の成立の経緯を知っていたか。日本で用語について一度でも論争があったのか。なぜ私は用語を強制され、彼らの言いなりにならないと差別主義者だと扱われるのか。

もっとも、中村氏が私に過敏に反応したのは、もっと細かい比喩表現に原因があるのだろう。氏が《酷過ぎて引用を控え》るとまで論難したのは、拙文の次の箇所である。

《性別以前に回帰したければ来世はゾウリムシになればよく、雌雄同体に憧れるならカタツムリに生まれればいい。しかし、今はどんなに苦痛でもHomo sapiensである自分を受け入れる他あるまい》

だが、これはLGBTと何の関係もない。LGBTは、全て性別に関する意識だ。思春期の性への忌避、混乱も性意識の一部であり、「性別以前」ではない。私たちは性に縛られている、それも根源的に。性別以前へ回帰したり、雌雄同体に憧れる人間は想定し得ない。

この箇所で私が揶揄したのは、性意識をどんどん細分化し、特権化してゆく奇怪な風潮そのものである。

一方、一連の寄稿のなかで、千葉雅也氏の「平成最後のクィア・セオリー」だけは、議論の思考の過程が明確に見えて興味深かった。たとえば、

九月十八日午後九時四十七分《小川榮太郎という人は、まあ……こういうウヨ芸風の人って、あんま言ってもね》

九月二十一日夜十時二十五分《ゲイ友との電話。ノンケって我々に差別されてるって自覚あんのかねー?ないんじゃないの?ゲイは怯《おび》えてるとか思ってて。ノンケって書いて馬鹿ってルビ

振ってんだけど（笑）》

私はここを読み、思わず笑った。私自身、前節の松浦大悟氏との対談の折、さしずめゲイたちの間で私をノンケと見做して馬鹿にする、こんな会話が繰り広げられているに違いないと話したところだったからだ。

文章には自問自答が必要

さて、それが九月二十二日夜六時三十七分になると、些か調子が変わってくる。

《小川氏はおおよそこう言っている：同性愛の公の承認は、抑圧すべきその他様々な性衝動をダダ漏れにすることにつながる。異性愛の結婚は、性衝動に対する圧倒的に規範的な抑圧＝去勢なのだ。――ところでこれは、ピエール・ルジャンドルの主張と同じである！》

千葉氏自身の内部での対話が始まっている。物を書くには、最低限ここまで辿り着いたうえでなければならないのだが、他の人はこうした自問自答の始まる前に文章を書き始めている。だから平板《へいばん》な感想文ばかりが並ぶことになるのである。

折角だから、千葉氏の次のような議論については一言しておこう。

《LGBTも含め、色々なアイデンティティが市民権を得ていく動きは、ドゥルーズ＋ガタリの概念を使うならば、グローバル資本主義による「脱コード化」ないし「脱領土化」の進展であり、これは人類史の趨勢《すうせい》であって、止めることができないのであろう。まず、僕はそのような立場で構えている。

しかし、脱コード化に対してはバックラッシュが起きるのであり、それを問題にしなければならない。その最大の拠点が国家である》

ポストモダンの定型的な議論だが、私は賛同しない。

「脱コード化」はできない

グローバル資本主義はとめどもなく展開し、その最大のバックラッシュである国家は抵抗空しく解消する。これはポストモダニストの夢に過ぎない。国家が孕むコードは極度に複雑精妙で、人間の生存の条件と深く関連しあっている。脱コード化の行き着く先は、ホッブズの言う「万人の万人に対する闘争」であり、結果として近代的な国民国家の力が弱まれば、逆に情報を制した者による専制――ジョージ・オーウェルの『一九八四年』的状況に至るだろう。

人間は脱コード化を貫徹しつつ、なお柔らかく節度ある自由を実現できるほど聡明な生き物では決してない。その意味で、ポストモダニズムから早めに身を退き、政治思想の再構築に転じたフランシス・フクヤマ氏の一聯《いちれん》の仕事は、脱コード化とバックラッシュの往復から、「近代」を救出しようとするものだと言える。

フクヤマ氏の場合、今後世界は脱コード化に進むのではなく、「近代」的価値と技術の全地球的な普及へと進むと考える。

私自身は、フクヤマ氏の側にも立たない。人間は「脱コード化」になど堪え切れるものではないが、一方、怒濤の如く進展し続ける「近代」にも耐えられまい。拒絶反応はトランプ現象などにより、すでに顕在化している。

人間の幸せ、生きる意味、意欲は、技術的進歩や利便性によって無限に拡大するものではない。遺伝子操作、移動の高速化、情報洪水がどうなろうと、人間の身心の限界は容易に超えられない。寿命が延びることはあっても、死が消え去ることはない。

高齢まで若さが保たれる成長ホルモン投与が発達して、百歳の青年や美女がそこらをうようよし始めようものなら、一人の人間の時間軸、生甲斐《いきがい》、また子孫との循環など、全てが深刻な問題にさらされるだろう。百歳の青年はいつまで恋をし続け、セックスし続けなければならないのか。相手を変えてはいけないのか、曾孫《そうそん》との恋も可能になるが、どうなるか。二十歳も百歳も若さにおいて変わらないとしたら、年齢とは一体どういう意味を持つのか。

私は、性や結婚を古来のコードに軸を置いて扱うべきだというのが、古臭い考えとは全く思わない。人間の生きる意義、一人ひとりの心のなかで生じる生甲斐や幸せの質量は古来変わらない。神話や古典的な詩歌《しいか》がいまなお共感を呼ぶのは、現代人の感情生活よりも寧ろ遥かに豊富な感情生活がそこにあるからだろう。

「脱コード化」や「進歩」の側に安直に立つことは、この感情生活の古典的普遍性――何よりもその豊かさと充実と多様性――を破壊することだ。慎重を極めるべきなのは当然ではあるまいか。

表現には我慢が必要

……千葉氏の文章は、少なくともこのような対話の起点となり得る。だから私はいま、一端を示した。が、『新潮』に限らず、全雑誌を通じても、対話の起点にしたいほどの言葉さえ、ほとんど私は見出せなかった。

ひどいものになると、高橋源一郎氏からは「便所の落書き」、中村氏からは「腐った弁当」呼ばわりされる始末だ。ネット上ではさらにえげつない罵倒が山ほどある。

《レイジ@彼女の無残な死を乗り越えて……@rage_pansex（十一月八日）小川榮太郎こそ、盲信《もうしん》虚妄《きょもう》のサイコパスだろうよ。こんなサイコパス野郎こそ、ネットと言論の場から永久に締め出さないとならんだろう》

《適菜収。bot。（新刊『小林秀雄の警告』講談社＋α新書）@tekina_osamu（十月三日）自称文芸評論家の人間のクズ小川榮太郎についての論考》

《Erscheinung42@Erscheinung35（九月二五日）新潮45とか小川なんとかみたいな汚物に「表現

の自由」だの「言論弾圧」みたいなたいそうな話持ってくるの、ゴキブリにバルサン炊く前に生命倫理の諸問題を精査するのに似た徒労感ある》

いやはや酷い言葉の飛び交う国になったものである。

ところが、私はゴキブリと言われようと、ゾウリムシと言われようと、サイコパスと言われようと、人間のクズと言われようと、全く傷つかないのである。人は「表現」などにいちいち傷ついてはいけない。

私は、会話や手紙・メールでの言葉の慮《おもんぱか》りは人一倍重んずる。

しかし、文章表現、思想表現に対しては、人は互いに我慢しなければならない。

もちろん、私への先ほどの引用は全て単なる悪口雑言《あっこうぞうごん》であり、卑《いや》しく汚い。だがそれでも、それは発信者自身が責任を負うべき「表現」である。もし私がクズでもゴキブリでもないなら、そんな言葉が私に痛手を負わせることなどできようはずもない。

ましてや数千から数万の読者しか持たない紙媒体に発表された「表現」は、人も社会も我慢しなければならない。

言葉は現実と思考の応酬

「表現」は必ず人を傷つける。

たとえば手近な例として、長谷川町子の『いじわるばあさん』を例に取ってみよう。太った女の子が崖から飛び降りようとしている漫画がある。その女の子の自殺を辛うじて引き止めた男が、「美容体操で痩《や》せないぐらいで……水泳がいいよ。あれはすっきりスマートになる」と女の子を励ます。その横でいじわるばあさんが口を挟む。「じゃあフグは？　カバはどうよあんた？」。そして女の子はまた飛び降り自殺を図る（『いじわるばあさん』三巻十四ページ）。同じ三巻には、次のような漫画もある。ザーマスメガネを掛けた奥さんが、井戸端会議でしきりに夫自慢をしている。会社では仕事に精勤し、夜遊びもせずに帰宅し、晩飯のあとには皿洗いまでしてくれるというのである。それを聞いていたいじわるばあさんが一言、「じゃ、ホモだわきっと」。他の女房連は皆大笑いをする（三巻百六頁）。

この漫画は、昭和四十年代『サンデー毎日』に連載され、いまは朝日新聞出版から出ている。人権の大好きな二大マスコミが版元だ。

人を傷つける表現は表現ではないと息巻く矢野氏、星野氏、中村氏以下の諸君よ、出版元の朝日新聞に抗議し、連載した『サンデー毎日』の廃刊を要求したらどうだ。太った女性をカバやフグに譬《たと》える「常識を逸脱し偏見に満ちた」長谷川町子を差別主義者として告発し、故人になり代わって詫びてみせてみたらどうだ。

昭和四十年代の連載だから時代が違うと言うか。

寝ぼけてはいけない。

作品は、常に「いま」読まれるのである。長谷川町子の漫画は、いまの読者が読めば、平成三十年の表現として蘇るのである。

無論、こんなことを言い始めれば、古今東西の神話、宗教、文学の古典には、差別表現など無数にある。

私たちは無菌室で飴玉をしゃぶって生きているのではない。言葉は現実と思考のやり取りだ。私は『新潮45』の文章を書く時、杉田水脈氏抹殺の異常な同調圧力を大きな怒りを以て眺めており、その卑劣な集団暴行を言葉の力で撃ち返すために措辞《そじ》に挑発を籠《こ》めたのだ。平穏無事な状況で、あんな言葉遣いをするはずがないだろう。

そして「表現」がそのような機会的なものだからこそ、現実と言葉の応酬をより深め、健全にしてゆくために、私たちは対話を続けねばならないのだ。私は今回、この稿で二度目の責を果たした。

さあ次は、かみ合わぬ非難を続ける君たちが、私と同じ土俵に上り、自らの丁寧な読みと知見とを示す番だ。

私たちは風潮に黙らされて、表現を自粛したり、他を圧殺しては絶対にならぬ。いま、同調圧力のなかで、私をよく読まずに難じたり、黙って私から身を遠ざける者たちは、ナチスが支配した日からその同調圧力に迎合する者であろう。習近平体制になった途端に体制に協力して密告を始め、日本を誹《そし》り始める者であろう。

言論に携《たずさ》わる全員に言いたい、同調圧力への不用意な追従が、どれほど急激に社会を全体主義化するかについて、怖れと自覚を持ってほしい。数年後の日本が、同調圧力と政治権力の結託する社会になっていないかどうかについて、残念ながら私は相当懐疑的である。私一人の細腕では如何《いかん》ともしがたい。全体主義は一人ひとりの怯懦《きょうだ》から始まるのである。

【著者略歴】

小川　榮太郎（おがわ　えいたろう）

文藝評論家、社団法人日本平和学研究所理事長。
昭和42（1967）年生まれ。大阪大学文学部卒業、埼玉大学大学院修了。フジサンケイグループ第18回正論新風賞、第1回アパ日本再興大賞特別賞受賞。
公式ホームページは https://psij.or.jp/。Facebook でも日々発信中。
主な著書に『約束の日――安倍晋三試論』（幻冬舎）、『最後の勝機』（ＰＨＰ）、『一気に読める「戦争」の昭和史』（ベストセラーズ）、『小林秀雄の後の二十一章』（幻冬舎）、『徹底検証「森友・加計事件」』（飛鳥新社）、『徹底検証　安倍政権の功罪』（悟空出版）ほか多数。

【対談者略歴】

籠池　佳茂（かごいけ　よししげ）

昭和55（1980）年、大阪府出身。平成11（1999）年、大阪工業大学高等学校（現・常翔学園）ラグビー全国大会準優勝。平成16（2004）年、立命館大学経営学部卒。山谷えり子事務所選挙スタッフ、ＵＡゼンセン同盟本部職員、東日本ハウス創業者中村功会長付トップセールスマンなどを経て、平成21年から29年まで、籠池商事株式会社代表取締役。

松浦　大悟（まつうら　だいご）

昭和44（1969）年、広島市生まれ。神戸学院大学法学部卒。秋田放送にアナウンサーとして入社し、平成19（2007）年の参院選で初当選、一期務める。平成29年の衆院選で落選後、ゲイであることをカミングアウトした。

左巻き諸君へ！　真正保守の反論

2019年2月21日　第1刷発行

著　者　小川榮太郎

発行者　土井尚道
発行所　株式会社　飛鳥新社
〒101-0003 東京都千代田区一ツ橋2-4-3　光文恒産ビル
電話（営業）03-3263-7770（編集）03-3263-7773
http://www.asukashinsha.co.jp

装　幀　神長文夫＋松岡昌代

印刷・製本　中央精版印刷株式会社

ISBN978-4-86410-668-9

編集担当　工藤博海